Para

com votos de muita paz.

Divaldo Franco
Por
Joanna de Ângelis
e outros Espíritos

SOS FAMÍLIA

Salvador
18. ed. – 2023

COPYRIGHT © (1994)
CENTRO ESPÍRITA CAMINHO DA REDENÇÃO
Rua Jayme Vieira Lima, 104
Pau da Lima, Salvador, BA.
CEP 412350-000
SITE: https://mansaodocaminho.com.br
EDIÇÃO: 18. ed. (8ª reimpressão) – 2023
TIRAGEM: 3.000 exemplares (milheiro: 95.500)
COORDENAÇÃO EDITORIAL
Lívia Maria C. Sousa

REVISÃO
Ana Landi · Luciano Urpia
CAPA
Ailton Bosco
COLABORADORES
Miguel e Terezinha Sardano
EDITORAÇÃO ELETRÔNICA
Ailton Bosco
COEDIÇÃO E PUBLICAÇÃO
Instituto Beneficente Boa Nova

PRODUÇÃO GRÁFICA
LIVRARIA ESPÍRITA ALVORADA EDITORA – LEAL
E-mail: editora.leal@cecr.com.br

DISTRIBUIÇÃO
INSTITUTO BENEFICENTE BOA NOVA
Av. Porto Ferreira, 1031, Parque Iracema. CEP 15809-020
Catanduva-SP.
Contatos: (17) 3531-4444 | (17) 99777-7413 (WhatsApp)
E-mail: boanova@boanova.net
Vendas on-line: https://www.livrarialeal.com.br

Dados Internacionais de Catalogação na Publicação (CIP)
(Catalogação na fonte)
BIBLIOTECA JOANNA DE ÂNGELIS

F825   FRANCO, Divaldo Pereira. (1927)

         SOS família. 18. ed. / Pelo Espírito Joanna de Ângelis e outros
     Espíritos [psicografado por] Divaldo Pereira Franco. Salvador: LEAL, 2023.
     184 p.
         ISBN: 978-85-8266-001-0

         1. Espiritismo 2. Psicologia 3. Família
         I. Franco, Divaldo II. Título

                                                                    CDD: 133.93

Bibliotecária responsável: Maria Suely de Castro Martins – CRB-5/509

DIREITOS RESERVADOS: todos os direitos de reprodução, cópia, comunicação ao público e exploração econômica desta obra estão reservados, única e exclusivamente, para o Centro Espírita Caminho da Redenção. Proibida a sua reprodução parcial ou total, por qualquer meio, sem expressa autorização, nos termos da Lei 9.610/98.
Impresso no Brasil | Presita en Brazilo

AGRADECIMENTOS

À Federação Espírita Brasileira (FEB), que nos permitiu, gentilmente, transcrever algumas páginas dos livros *Estudos Espíritas* e *Lampadário Espírita*; e à Editora SEJA, por trechos de entrevistas presentes em *Elucidações Espíritas*.

Súmula

Prefácio 9

Laços de família 13

Introdução 15

1 Família 19

2 Vida em família 25

3 Casamento e família 29

4 Responsabilidade no matrimônio 35

5 Problemas no matrimônio 39

6 Desquite e Divórcio 43

7 Anticonceptivos e planejamento familiar 49

8 Tarefas 55

9 Dentro do lar 59

10 Espiritismo no lar 63

11 Cristo em casa 67

12 Jesus contigo 71

13	Estudo evangélico no lar	73
14	Deveres dos pais	77
15	Educação	81
16	Laços eternos	87
17	Perante a prole	91
18	Limitação de filhos	95
19	Personalidades parasitas	99
20	Alienação infantojuvenil e educação	103
21	Campanhas	107
22	Necessidade de evolução	111
23	Deveres dos filhos	119
24	Filho deficiente	121
25	Filhos ingratos	125
26	Mãe adotiva	129
27	Filho alheios	131
28	Filho adotivo	135
29	Frutos da delinquência	137
30	Delinquência, perversidade e violência	141
31	Alucinógenos, toxicomania e loucura	149
32	Viciação alcoólica	155
33	Entrevista	159

Prefácio

O grupo familial é conquista nobre do processo antropológico-sociológico no qual o ser humano cresce.

Superando o período das atrações sexuais sem objetivos dignificantes, no qual os filhos permaneciam sob os cuidados da mãe, na condição de *crias*, sem que ela tivesse responsabilidade de educá-los e desenvolvê-los, a poliandria passou a predominar, gerando o matriarcado que prevaleceu soberano com resultados perturbadores.

Mais tarde, a poligamia, inferiorizando a mulher, respondeu pelos filhos que ficavam abandonados, sem a paternidade responsável.

A monogamia veio facultar o exercício da dignificação no lar, através dos cônjuges, oferecendo à prole os recursos da educação e os valores ético-morais que favorecem os celeiros da paz e da felicidade possíveis de serem fruídos na Terra.

A família, por essa razão, tornou-se a célula máter do organismo social onde se desenvolvem os sentimentos, a inteligência, e o Espírito desperta para as realizações superiores da vida.

Por isso, toda vez que a família se desestrutura a sociedade cambaleia, a cultura degenera, a civilização se corrompe...

A tecnologia atual aliada à ciência, que ensejou *a conquista do Cosmo*, infelizmente não pôde impedir o deterioramento da família, vitimada por inúmeros fatores que se têm enraizado no organismo social de forma cruel.

Como consequência, uma vaga de perturbação varre o planeta, ameaçando as belas construções dos milênios e quase tudo reduzindo a escombros e loucura.

A família, na condição de grupo consanguíneo, está formulando um vigoroso pedido de socorro à sociedade em geral.

Esse SOS alcança as mentes e os corações, convidando à reflexão e à ação imediata no dever e no bem; à seriedade no que tange aos compromissos domésticos; à renúncia em benefício da prole; à abnegação, ampliando as áreas do amor no lar; ao respeito recíproco dos cônjuges, que se comprometeram edificar o clã feliz...

Graças à promiscuidade sexual que desvaira as criaturas, no atual contexto social, parecendo conduzir os seres humanos a um retrocesso moral, os filhos, *órfãos de pais vivos* e irresponsáveis, clamam por justiça e amor, carentes e frustrados, usando a linguagem alucinada, que se expressa pela forma de violência, de agressividade, de exibicionismo, de irreverência, hauridos nas drogas aditivas, no álcool, na exaustão dos sentidos, a tudo perturbando com vandalismo e insensibilidade.

Lançamos um SOS para a família!

***

Os nossos queridos irmãos Miguel e Terezinha de Jesus Sardano reuniram neste livro várias páginas sobre a família, examinada sob enfoques e óticas diferentes.

Os Espíritos, preocupados com a família, têm-nos vindo, através dos tempos, advertindo, orientando, conclamando os homens e mulheres à preservação do lar, mais apertando, cada dia, esse *laço*, que prende um parceiro ao outro, ambos responsáveis pela estrutura familial.

Consideramos de muita oportunidade o presente trabalho, tendo em vista a valiosa contribuição da Organização Mundial das Nações Unidas (ONU), considerando este como o Ano Internacional da Família, com vistas a uma sociedade mais ditosa do futuro, após a sua consolidação moral e recuperação da dignidade perdida. Não traz novidades, nem representa grande cota sociológica ou psicológica para o gravíssimo problema, representando, entretanto, um *tijolo* a mais que colocamos no edifício em construção da família nova e plenificada.

JOANNA DE ÂNGELIS

(Página psicografada pelo médium Divaldo P. Franco, na reunião mediúnica do Centro Espírita Caminho da Redenção, na noite de 23 de maio de 1994, em Salvador, BA).

Laços de família

774. *Há pessoas que, do fato de os animais ao cabo de certo tempo abandonarem suas crias, deduzem não serem os laços de família, entre os homens, mais do que o resultado dos costumes sociais e não efeito de uma Lei da Natureza. Que devemos pensar a esse respeito?*

R: "Diverso do dos animais é o destino do homem. Por que, então, querem identificá-lo com estes? Há no homem alguma coisa mais, além das necessidades físicas: há a necessidade de progredir. Os laços sociais são necessários ao progresso e os de família mais apertados tornam os primeiros. Eis por que os segundos constituem uma Lei da Natureza. Quis Deus que, por essa forma, os homens aprendessem a amar-se como irmãos." (205)

775. *Qual seria, para a sociedade, o resultado do relaxamento dos laços de família?*

R: "Uma recrudescência do egoísmo."

(*O Livro dos Espíritos*, de Allan Kardec).

Introdução

A magna questão da família é tema de sempre. Apesar de sabermos que a família é a unidade básica da sociedade, sua célula primeira, sua importância merece permanente vigilância e estudo de todos os segmentos da coletividade humana. Não pretendemos, aqui, fazer um estudo enciclopédico ou histórico da família, já que este livro não é o único, tampouco visa a esgotar uma matéria tão complexa e delicada que envolve os dramas de almas que se amam e se odeiam na escalada das múltiplas existências. Considerando, sobretudo, que a família é um laboratório vivo de experiências e aprendizado, uma verdadeira escola para educação dos Espíritos, na sua ansiosa busca da felicidade, que ainda não é deste mundo, mas pode nele começar. Devemos considerar, outrossim, que a visão espírita de família difere das de filosofias não reencarnacionistas. O Espiritismo apresenta a família como o instituto abençoado em que as criaturas humanas se reencontram com um programa de provas e expiações, com vistas ao futuro. Por outro lado, a família, na concepção espírita, antes de ser reunião de corpos é reduto sagrado de Espíritos imortais. A visão reencarnacionista traz um entendimento que motiva as criaturas ao esforço pelo próprio progresso moral, através da renúncia, da boa vontade, da ajuda mútua, do perdão, da tolerância e muito mais, de se alcançar um grau de consciência desperta. A grande batalha que se trava no imo do ser humano ainda se debita ao egoísmo, que gera os grandes problemas e até tragédias de consequências imprevisíveis.

A consciência desperta pela razão e pela lógica dos ensinamentos espíritas leva a criatura a aceitar certas conjunturas decorrentes do passado, apresentadas em forma de antipatia, ódio, ciúmes, entre familiares. Igualmente se explicam atrações sexuais doentias entre pais e filhos, entre irmãos, adultério e até os incestos podem ter raízes em encarnações anteriores. Da mesma forma se podem explicar a simpatia, a afinidade e o amor que brotam espontaneamente entre as criaturas.

Daí, o presente trabalho visa a trazer uma contribuição aos pais, educadores, evangelizadores e à sociedade, numa tentativa de encontrar soluções que minorem o sofrimento oriundo da ignorância do que seja a família e sua missão na Terra.

A família não é somente foco de lutas e problemas, mas também fonte geradora de felicidade quando há entre todos os seus componentes a iluminação de princípios espirituais superiores.

Reunimos nesta obra o que já foi escrito pelos Espíritos Joanna de Ângelis, Amélia Rodrigues, Benedita Fernandes, Manoel Philomeno de Miranda, em diversos títulos editados pela LEAL, pela FEB e outras editoras. Destacamos, igualmente, algumas questões inseridas na codificação Kardequiana e entrevistas com Divaldo Pereira Franco, abordando a família e os problemas correlatos, como: pais, filhos, casamento, separação, vícios, educação para a vida e para a morte, resgate, influência da religião, sexo, evangelização infantil e juvenil, entre outros, já que o lar é a primeira escola e os pais, os primeiros educadores.

Como já vem sendo amplamente divulgado, este é o Ano Internacional da Família, instituído pela Organização das Nações Unidas – ONU, em seu calendário oficial. A União das Sociedades Espíritas do Estado de São Paulo lançou, no ano passado, a campanha "Viver em Família" com o *slogan* "Vamos apertar (mais) este laço". A FEB também se engajou neste movimento, dando sua contribuição valiosa em nível nacional. A USE tem promovido conferências e seminários em todo o Estado de São Paulo a respeito deste tema. O próprio Divaldo Franco realizou várias palestras, abordando o assunto em diversos pontos do País.

SOS FAMÍLIA procura colocar em suas mãos, num volume, aquilo que está contido em diversos livros psicografados por Divaldo Franco. É mais uma antologia de trabalho dos Bons Espíritos, interessados em ajudar a criatura humana na condição de Espírito eterno, na conquista da plenitude interior e da felicidade absoluta, destinação de todos nós.

Santo André (SP), maio de 1994.
Miguel de Jesus Sardano

1
FAMÍLIA

Conceito – Grupamento de raça, de caracteres e gêneros semelhantes, resultado de agregações afins, a família, genericamente, representa o clã social ou de sintonia por identidade que reúne espécimes dentro da mesma classificação. Juridicamente, porém, a família deriva-se da união de dois seres que se elegem para uma vida em comum, através de um contrato, dando origem à genitura da mesma espécie. Pequena república fundamental para o equilíbrio da grande república humana representada pela nação.

A família tem suas próprias leis, que consubstanciam as regras de bom comportamento dentro do impositivo do respeito ético, recíproco entre os seus membros, favorável à perfeita harmonia que deve vigorar sob o mesmo teto em que se agasalham os que se consorciam.

Animal social, naturalmente monogâmico, o homem, na sua generalidade, somente se realiza quando comparte necessidades e aspirações na conjuntura elevada do lar.

O lar, no entanto, não pode ser configurado como a edificação material, capaz de oferecer segurança e paz aos que aí se resguardam. A casa são a argamassa, os tijolos, a cobertura, os alicerces e os móveis, enquanto o lar são a renúncia e a dedicação, o silêncio e o zelo que se permitem aqueles que se vinculam pela eleição afetiva, ou através do impositivo consanguíneo, decorrente da união.

A família, em razão disso, é o grupo de Espíritos normalmente necessitados, desajustados, em compromisso inadiável para a reparação, graças à contingência reencarnatória. Assim, famílias espirituais frequentemente se reúnem na Terra em domicílios físicos diferentes, para as realizações nobilitantes com que sempre se viram a braços os construtores do Mundo. Retornam no mesmo grupo consanguíneo os Espíritos afins, a cuja oportunidade às vezes preferem renunciar, de modo a concederem aos desafetos e rebeldes do passado o ensejo da necessária evolução, da qual fruirão após as renúncias às demoradas uniões no Mundo espiritual...

Modernamente, ante a precipitação dos conceitos que generalizam na vulgaridade os valores éticos, tem-se a impressão de que paira rude ameaça sobre a estabilidade da família. Mais do que nunca, porém, o conjunto doméstico se deve impor para a sobrevivência a benefício da soberania da própria Humanidade.

A família é mais do que o resultante genético... São os ideais, os sonhos, os anelos, as lutas e árduas tarefas, os sofrimentos e as aspirações, as tradições morais elevadas que se cimentam nos liames da concessão divina, no mesmo grupo doméstico onde medram as nobres expressões da elevação espiritual na Terra.

Quando a família periclita, por esta ou aquela razão, sem dúvida a sociedade está a um passo do malogro...

Histórico – Graças ao instinto gregário, o homem, por exigência da preservação da vida, viu-se conduzido à necessidade da cooperação recíproca, a fim de sobreviver em face das ásperas circunstâncias nos lugares onde foi colocado para evoluir. A união nas necessidades inspirou as soluções para os múltiplos problemas decorrentes do aparente desaparelhamento que o fazia sofrer ao lutar contra os múltiplos fatores negativos que havia por bem superar.

Formando os primitivos agrupamentos em semibarbárie, nasceram os pródromos das eleições afetivas, da defesa dos dependentes e submissos, surgindo os lampejos da aglutinação familial.

Dos tempos primitivos aos da Civilização da Antiguidade Oriental, os valores culturais impuseram lentamente as regras de comportamento em relação aos pais – representativos dos legisladores, personificados nos anciãos; destes para os filhos – pela fragilidade e dependência que sempre inspiram; entre irmãos – pela convivência pacífica indispensável à fortaleza da espécie; ou reciprocamente entre os mais próximos, embora não subalternos ao mesmo teto, num desdobramento do próprio clã, ensaiando os passos da direção da família dilatada...

A Grécia, aturdida pela hegemonia militar espartana, não considerou devidamente a união familial, o que motivou a sua destruição, ressalvada Atenas, que, não obstante amando a arte e a beleza, reservava ao Estado os deveres pertencentes à família, facultando-lhe sobreviver por tempo maior, mas não lobrigando atingir o programa estético e superior a que se propuseram os seus excelentes filósofos.

A Roma coube essa indeclinável tarefa, a princípio reservada ao patriciado e, depois, através de leis coordenadas pelo Senado, que alcançaram as classes agrícolas, militares, artísticas e a plebe, facultando direitos e deveres que, embora as hediondas e infelizes guerras, se foram fixando no substrato social e estabelecendo os convênios que o amor sancionou e fixou como técnica segura de dignificação do próprio homem, no conjunto da família.

A Idade Média, caracterizada pela supremacia da ignorância, desfigurou a família com o impositivo de serem doados os filhos à Igreja e ao suserano dominador, entibiando por séculos a marcha do espírito humano.

Aos enciclopedistas foi reservada a grandiosa missão de, em estabelecendo os códigos dos direitos humanos, reestruturarem a família em bases de respeito para a felicidade das criaturas.

Todavia, a dialética materialista e os modernos conceitos sensualistas, proscrevendo o matrimônio e prescrevendo o amor livre, voltam a investir contra a organização familial por meio de métodos aberrantes, transitórios, é certo, mas que não conseguirão, em absoluto, qualquer triunfo significativo.

São da natureza humana a fidelidade, a cooperação e a fraternidade como pálidas manifestações do amor em desdobramento eficaz. Tais valores se agasalham, sem dúvida, no lar, no seio da família, onde se arregimentam forças morais e se caldeiam sentimentos na forja da convivência doméstica.

Apesar de a poliandria haver gerado o matriarcado e a promiscuidade sexual feminina, a poligamia, elegendo o patriarcado, não foi de menos infelizes consequências.

Segundo o eminente jurista suíço Bachofen, que procedeu a pesquisas históricas inigualáveis sobre o problema da poliandria, a mulher sentiu-se repugnada e vencida pela vulgaridade e abuso sexual, de cuja atitude surgiria o regime monogâmico, que ora é aceito por quase todos os povos da Terra.

Conclusão – A família, todavia, para lograr a finalidade a que se destina, deve começar desde os primeiros arroubos da busca afetiva, em que as realizações morais devem sublevar as sensações sexuais de breve durabilidade.

Quando os jovens resolvem consorciar-se, impelidos pelas imposições carnais, a futura família já padece ameaça grave, porquanto, em nenhuma estrutura se fundamenta para resistir aos naturais embates que a união a dois acarreta, no plano do ajustamento emocional e social, complicando-se, naturalmente, quando do surgimento da prole.

Fala-se sobre a necessidade dos exames pré-nupciais, sem dúvida necessários, mas com lamentável descaso pela preparação psicológica dos futuros nubentes em relação aos encargos e às responsabilidades esponsalícias e familiares.

A Doutrina Espírita, atualizando a lição evangélica, descortina na família esclarecida espiritualmente a Humanidade ditosa do futuro promissor.

Sustentá-la nos ensinamentos do Cristo e nas lições da reta conduta, apesar da loucura generalizada que irrompe em toda parte, é o mínimo dever de que ninguém se pode eximir.

Joanna de Ângelis

ESTUDO E MEDITAÇÃO:

695. "Será contrário à lei da Natureza o casamento, isto é, a união permanente de dois seres?

R: "É um progresso na marcha da Humanidade."

(*O Livro dos Espíritos*, Allan Kardec, questão 695).

✳✳✳

" (...) Não são os da consanguinidade os verdadeiros laços de família e sim os da simpatia e da comunhão de ideias, os quais prendem os Espíritos antes, durante e depois de suas encarnações. Segue-se que dois seres nascidos de pais diferentes podem ser mais irmãos pelo Espírito do que se o fossem pelo sangue (...)."

(*O Evangelho segundo o Espiritismo*, cap. XIV, item 8).

2
Vida em família

Os filhos não são cópias dos pais, que apenas produzem o corpo, graças aos mecanismos do atavismo biológico.

As heranças e parecenças físicas são decorrências dos gametas; no entanto, o caráter, a inteligência e o sentimento procedem do Espírito que se corporifica pela reencarnação, sem maior dependência dos vínculos genéticos com os progenitores.

Atados por compromissos anteriores, retornam ao lar, não somente aqueles seres a quem se ama, senão aqueloutros a quem se deve ou que estão com dívidas...

Cobradores empedernidos surgem na forma fisiológica, renteando com o devedor, utilizando-se do processo superior das Leis de Deus para o reajuste de contas, no qual, não poucas vezes, se complicam as situações, por indisposições dos consortes...

Adversários reaparecem como membros da família para receber amor, no entanto, na batalha das afinidades padecem campanhas de perseguição inconsciente, experimentando o pesado ônus da antipatia e da animosidade.

A família é, antes de tudo, um laboratório de experiências reparadoras, na qual a felicidade e a dor se alternam, programando a paz futura.

Nem é o grupo da bênção, nem o *élan* da desdita.

Antes, é a escola de aprendizagem e redenção futura.

Irmãos que se amam, ou se detestam, pais que se digladiam no proscênio doméstico, genitores que destacam uns filhos em detrimento dos outros, ou filhos que agridem ou amparam pais, são Espíritos em processo de evolução, retornando ao palco da vida física para a encenação da peça em que fracassaram, no passado.

A vida é incessante, e a família carnal são experiências transitórias em programação que objetiva a família universal.

***

Abençoa, desse modo, com a paciência e o perdão, o filho ingrato e calceta.

Compreende com ternura o genitor atormentado que te não corresponde às aspirações.

Desculpa o esposo irresponsável ou a companheira leviana, perseverando ao seu lado, mesmo que o ser a quem te vinculas queira ir-se adiante.

Não o retenhas com amarras de ódio ou de ressentimento. Irá além, sim, no entanto, prossegue tu, fiel no posto e amando...

***

Não te creias responsável direto na provação que te abate ante o filho limitado física ou mentalmente.

Tu e ele sois comprometidos perante os códigos Divinos pelo pretérito espiritual.

O teu corpo lhe ofereceu os elementos com que se apresenta, porém foi ele, o ser espiritual, quem modelou a roupagem na qual comparece para o compromisso libertador.

Ante o filhinho deficiente não te inculpes. Ama-o mais e completa-lhe as limitações com os teus recursos, preenchendo os vazios que ele experimenta.

Suas carências são abençoados mecanismos de crescimento eterno.

Faze por ele, hoje, o que descuidaste antes.

A vida em família é oportunidade sublime que não deve ser descuidada ou malbaratada.

✳✳✳

Com muita propriedade e irretorquível sabedoria, afirmou Jesus, ao doutor da Lei:

"Ninguém entrará no Reino dos Céus se não nascer de novo."

E a Doutrina Espírita estabelece com segurança:

"Nascer, morrer, renascer ainda e progredir sempre – tal é a Lei. Fora da caridade não há salvação."

Joanna de Ângelis

3
Casamento e família

Diante das contestações que se avolumam, na atualidade, pregando a reforma dos hábitos e costumes, surgem os demolidores de mitos e de instituições, assinalando a necessidade de uma nova ordem que parece assentar as suas bases na anarquia.

A onda cresce e o tresvario domina, avassalador, ameaçando os mais nobres patrimônios da cultura, da ética e da civilização, conquistados sob ônus pesados, no largo processo histórico da evolução do homem.

Os aficionados da revolução destruidora afirmam que os valores ora considerados são falsos, quando não falidos, e que os mesmos vêm comprimindo o indivíduo, a sociedade e as massas, que permanecem jungidos ao servilismo e à hipocrisia, gerando fenômenos alucinatórios e mantendo, na miséria de vários matizes, grande parte da Humanidade.

Entre as instituições que, para eles, se apresentam ultrapassadas, destacam o matrimônio e a família, propondo promiscuidade sexual, que disfarçam com o nome de "amor livre", e a independência do jovem, imaturo e inconsequente, sob a justificativa de liberdade pessoal, que não pode nem deve ser asfixiada sob os impositivos da ordem, da disciplina, da educação...

Excedendo-se na arbitrariedade das propostas ideológicas ainda não confirmadas pela experiência social nem pela convivência na comunidade, afirmam que a criança e o jovem não são dependentes quanto parecem, podendo defender-se e realizar-se sem a necessidade da estrutura familiar, o que libera os pais negligentes de manterem os vínculos conjugais, separando-se tão logo enfrentam insatisfações e desajustes, sem que se preocupem com a prole.

Não é necessário que analisemos os problemas existenciais destes dias, nem que façamos uma avaliação dos comportamentos alienados, que parecem resultar da insatisfação, da rebeldia e do desequilíbrio, que grassam em larga escala.

Não podemos, no entanto, numa visão apressada, mediante exame superficial, acusar o casamento dos fracassos das uniões carnais, sem o amadurecimento emocional dos parceiros, nem o instituto da família, ainda vítima de tal situação.

A monogamia é conquista de alto valor moral da criatura humana, que se dignifica pelo amor e respeito ao ser elegido, com ele compartindo alegrias e dificuldades, bem-estar e sofrimentos, dando margem às expressões da afeição profunda, que se manifesta sem a dependência dos condimentos sexuais, nem dos impulsos mais primários da posse, do desejo insano.

Utilizando-se da razão, o homem compreende que a vida biológica é uma experiência muito rápida, que ainda não alcançou biótipos de perfeição, graças ao que, é frágil, susceptível de dores, enfermidades, limitações, sendo, os estágios da infância como o da juventude, preparatórios para os períodos do adulto e da velhice.

Assim, o desgaste e o abuso de agora se tornam carência e infortúnio mais tarde, na maquinaria que deve ser preservada e conduzida com morigeração.

Aprofundando o conceito sobre a vida, se lhe constata a anterioridade ao berço e a continuidade após o túmulo, numa realidade de interação espiritual com objetivos definidos e inamovíveis, que são os mecanismos inalienáveis do progresso, em cujo contexto tudo se encontra sob impositivos divinos expressos nas leis universais.

Desse modo, baratear, pela vulgaridade, a vida e atirá-la a situações vexatórias, destrutivas, constitui crime, mesmo quando não catalogado pelas leis da justiça, exaradas nos transitórios códigos humanos.

O matrimônio é uma experiência emocional que propicia a comunhão afetiva, da qual resulta a prole sob a responsabilidade dos cônjuges, que se nutrem de estímulos vitais, intercambiando hormônios preservadores do bem-estar físico e psicológico.

Não é, nem poderia ser, uma incursão ao país da felicidade, feita de sonhos e de ilusões.

Representa um tentame, na área da educação do sexo, exercitando a fraternidade e o entendimento, que capacitam as criaturas para mais largas incursões na área do relacionamento social.

Ao mesmo tempo, a família constitui a célula experimental, na qual se forjam valores elevados e se preparam os indivíduos para uma convivência salutar no organismo universal, onde todos nos encontramos fixados.

A única falência, no momento, é a do homem, que se perturba e, insubmisso, deseja subverter a ordem estabelecida, a seu talante, em vãs tentativas de mudar a linha do equilíbrio, dando margem às alienações em que mergulha.

Certamente, muitos fatores sociológicos, psicológicos, religiosos e econômicos contribuíram para este fenômeno.

Não obstante, são injustificáveis os comportamentos que investem contra as instituições objetivando demoli-las, ao invés de auxiliarem de forma edificante em favor da renovação do que pode ser recuperado, bem como da transformação daquilo que se encontre ultrapassado.

O processo da evolução é inevitável. Todavia, a agressão, pela violência, contra as conquistas que devem ser alteradas, gera danos mais graves do que aqueles que se busca corrigir.

O lar, estruturado no amor e no respeito aos direitos dos seus membros, é a mola propulsionadora do progresso geral e da felicidade de cada um, como de todos em conjunto.

Para esse desiderato, são fixados compromissos de união antes do berço, estabelecendo-se diretrizes para a família, cujos membros voltam a reunir-se com finalidades específicas de recuperação espiritual e de crescimento intelecto-moral, no rumo da perfeição relativa que todos alcançarão.

Esta é a finalidade primeira da reencarnação.

A precipitação e o desgoverno das emoções respondem pela ruptura da responsabilidade assumida, levando muitos indivíduos ao naufrágio conjugal e à falência familiar por exclusiva responsabilidade deles mesmos.

Enquanto houver o sentimento de amor no coração do homem – e ele sempre existirá, por ser manifestação de

Deus ínsita na vida – o matrimônio permanecerá, e a família continuará sendo a célula fundamental da sociedade.

Envidar esforços para a preservação dos valores morais, estabelecidos pela necessidade do progresso espiritual, é dever de todos que, unidos, contribuirão para uma vida melhor e uma humanidade mais feliz, na qual o bem será a resposta primeira de todas as aspirações.

Benedita Fernandes

4
Responsabilidade no matrimônio

Interrogam muitos discípulos do Evangelho: não é mais lícito o desquite ou o divórcio, em considerando os graves problemas conjugais, à manutenção de um matrimônio que culmine em tragédia? Não será mais conveniente uma separação, desde que a desinteligência se instalou, ao prosseguimento de uma vida impossível? Não têm direito ambos os cônjuges a diversa tentativa de felicidade ao lado de outrem, já que não se entendem?

E muitas outras inquirições surgem, procurando respostas honestas para o problema que dia a dia mais se agrava e avulta.

Inicialmente, deve ser examinado que o matrimônio, em linhas gerais, é uma experiência de reequilíbrio das almas no orçamento familiar. Oportunidade de edificação sob a bênção da prole – e, quando fatores naturais coercitivos a impedem, justo se faz abrir os braços do amor espiritual às crianças que gravitavam ao abandono – para amadurecer emoções, corrigindo sensações e aprendendo fraternidade.

Não poucas vezes os nubentes, mal preparados para o consórcio matrimonial, dele esperam tudo, guindados ao paraíso da fantasia, esquecidos de que esse é um sério compromisso, e todo compromisso exige responsabilidades recíprocas a benefício dos resultados que se deseja colimar.

A "lua de mel" é imagem rica de ilusão, porquanto, no período primeiro do matrimônio, nascem traumas e receios, frustrações e revoltas que, despercebidos, quase a princípio, espocam mais tarde em surdas guerrilhas ou batalhas lamentáveis no lar, em que o ódio e o ciúme explodem descontrolados, impondo soluções, sem dúvida, que sejam menos danosas do que as trágicas.

Todavia, há que meditar, no que concerne aos compromissos de qualquer natureza, que a sua interrupção somente adia a data da justa quitação. No casamento, não raro, o adiamento promove o ressurgir do pagamento em circunstâncias mais dolorosas no futuro em que, a pesadas renúncias e a fortes lágrimas, somente, se consegue a solução.

***

Indispensável que para o êxito matrimonial sejam exercidas singelas diretrizes de comportamento amoroso.

Há alguns sinais de alarme que podem informar a situação de dificuldade antes de agravar-se a união conjugal:

silêncios injustificáveis quando os esposos estão juntos;

tédio inexplicável ante a presença do companheiro ou da companheira;

ira disfarçada quando o consorte ou a consorte emite uma opinião;

saturação dos temas habituais, versados em casa, fugindo para intérminas leituras de jornais ou inacabáveis novelas de televisão;

irritabilidade contumaz sempre que se avizinha do lar;

desinteresse pelos problemas do outro;

falta de intercâmbio de opiniões;

atritos contínuos que ateiam fagulhas de irascibilidade, capazes de provocar incêndios em forma de agressão desta ou daquela maneira...

E muitos outros mais.

***

Antes que as dificuldades abram distâncias e os espinhos da incompreensão produzam feridas, justo que se assumam atitudes de lealdade, fazendo um exame das ocorrências e tomando-se providências para sanar os males em pauta.

Assim, a honestidade lavrada na sensatez, que manda "abrir-se o coração" um para com o outro, consegue corrigir as deficiências e reorganizar o panorama afetivo.

É natural que ocorram desacertos. Ao invés, porém, de separação, reajustamento.

A questão não é de uma "nova busca", mas de redescobrimento do que já possui.

Antes da decisão precipitada, ceder cada um, no que lhe concerne, a benefício dos dois.

Se o companheiro se desloca, lentamente, da família, refaça a esposa o lar, tentando nova fórmula de reconquista e tranquilidade.

Se a companheira se afasta, afetuosamente, pela irritação ou pelo ciúme, tolere o esposo, conferindo-lhe confiança e renovação de ideias.

O cansaço, o cotidiano, a apatia são elementos constritivos da felicidade.

Nesse sentido, o cultivo dos ideais nobilitantes consegue estreitar os laços do afeto e os objetivos superiores unem os corações, penetrando-os de tal forma, que os dois se fazem um, a serviço do bem. E em tal particular, o Espiritismo – a Doutrina do Amor e da Caridade por excelência – consegue renovar o entusiasmo das criaturas, já que desloca o indivíduo de si mesmo, ajuda-o na luta contra o egoísmo e concita-o à responsabilidade ante as leis da vida, impulsionando-o ao labor incessante em prol do próximo. E esse próximo mais próximo dele é o esposo ou a esposa, junto a quem assumiu espontaneamente o dever de amar, respeitar e servir.

Assim considerando, o Espiritismo, mediante o seu programa de ideal cristão, é senda redentora para os desajustados e ponte de união para os cônjuges, em árduas lutas, mas que não encontraram a paz.

Joanna de Ângelis
(Lisboa, Portugal, em 15 de agosto de 1970).

5
Problemas no matrimônio

À exceção dos casos de relevantes compromissos morais, o matrimônio, na Terra, constitui abençoada oportunidade redentora a dois, que não se pode desconsiderar sem gravames complicados.

Em toda união conjugal, as responsabilidades são recíprocas, exigindo de cada nubente uma expressiva contribuição, a benefício do êxito de ambos, no tentame encetado.

Pedra angular da família – o culto dos deveres morais –, a construção do lar nele se faz mediante as linhas seguras do enobrecimento dos cônjuges, objetivando o equilíbrio da prole.

Somente reduzido número de pessoas se prepara, convenientemente, antes de intentar o consórcio matrimonial; a ausência desse cuidado, quase sempre, ocasiona desastre imediato de consequências lamentáveis.

Açulados por paixões de vária ordem, que se estendem desde a atribulação sexual aos jogos de interesses monetários, deixam-se colher por afligentes desvarios, que redundam em maior débito entre os consorciados e em relação à progenitura...

Iludidos, em face dos recursos da atual situação tecnológica, adiam, de início, o dever da paternidade sob justificativas indébitas, convertendo o tálamo conjugal em recurso para o prazer como para a leviandade, com que estiolam os melhores planos por momento acalentados...

Logo despertam, espicaçados por antipatias e desajustes que lhes parecem irreversíveis, supõem que somente a separação constitui fórmula solucionadora, quando não derrapam nas escabrosidades que conduzem aos lúgubres crimes passionais.

Com a alma estiolada, quando a experiência se lhes converteu em sofrimento, partem para novos conúbios amorosos, carregando lembranças tormentosas, que se transformam em pesadas cargas emocionais desequilibrantes.

Alguns, entre os que jazem vitimados por acerbas incompreensões e anseiam refazer o caminho, se identificam com outros Espíritos aos quais se apegam, sôfregos, explicando tratar-se de almas gêmeas ou afins, não receando desfazer um ou dois lares para constituir outro, por certo, de efêmera duração.

Outros, saturados, debandam na direção de aventuras vis, envenenando-se vagarosamente.

Enquanto a juventude lhes acena oportunidades, usufruem-nas, sem fixações de afeto, nem intensidade de abnegação. Surpreendidos pela velhice prematura, que o desgaste lhes impõe, ou chegados à idade do cansaço natural, inconformam-se, acalentando pessimismo e cultivando os resíduos das paixões e mágoas que os enlouquecem, a pouco e pouco.

***

O amor é de origem divina. Quanto mais se doa, mais se multiplica sem jamais exaurir-se.

Partidários da libertinagem, porém, empenham-se em insensata cruzada para torná-lo livre, como se jamais não o houvera sido. Confundem-no com sensualidade e pensam convertê-lo apenas em instinto primitivo, padronizado pelos impulsos da sexualidade atribulada.

Liberdade para amar, sem dúvida, disciplina para o sexo, também.

Amor é emoção; sexo, sensação.

Compreensivelmente, mesmo nas uniões mais ajustadas, irrompem desentendimentos, incompreensões, discórdias que o amor suplanta.

O matrimônio, desse modo, é uma sociedade de ajuda mútua, cujos bens são os filhos – Espíritos com os quais nos encontramos vinculados pelos processos e necessidades da evolução.

Pensa, portanto, refletindo antes de casar. Reflexiona, porém, muito antes de debandar, após assumidos os compromissos.

As *dívidas* projetadas para o futuro sempre surgem em horas inesperadas com juros capitalizados. O que puderes reparar agora não transfiras para amanhã. Enquanto luz tua ensancha, produze bens valiosos e não te arrependerás.

***

Tendo em vista a elevação do casamento, Jesus abençoou-o em Caná com a Sua presença, tomando-o como parte inicial do Seu ministério público entre os homens.

E Paulo, o discípulo por excelência, pensando nos deveres de incorruptibilidade matrimonial, escreveu, conforme epístola número 5, aos efésios, nos versículos 22 e 25: "*as mulheres sejam sujeitas a seus maridos, como ao Senhor...*

Assim também devem os maridos amar a suas mulheres como a seus próprios corpos. Quem ama a sua mulher, ama-se a si mesmo". Em tão nobre conceito não há subserviência feminina nem pequenez masculina, antes, ajustamento dos dois para a felicidade no matrimônio.

Joanna de Ângelis

6
Desquite(*) e Divórcio

Na sua generalidade, o matrimônio é laboratório de reajustamentos emocionais e oficina de reparação moral, através dos quais Espíritos comprometidos se unem para elevados cometimentos no ministério familial.

Sem dúvida, reencontros de Espíritos afins produzem vida conjugal equilibrada, em clima de contínua ventura, através da qual, missionários do saber e da bondade estabelecem a união, objetivando nobres desideratos, em que empenham todas as forças.

Outras vezes, programando a elaboração de uma tarefa relevante para o futuro deles mesmos, se penhoram numa união conjugal que lhes enseje reparação junto aos desafetos e às vítimas indefesas do passado, para cuja necessidade de socorrer e elevar compreendem ser inadiável.

Fundamental, entretanto, em tais conjunturas, a vitória dos cônjuges sobre o egoísmo, granjeando recursos que os credenciem a passos mais largos, na esfera das experiências em comum.

(*) Atualmente, o desquite equivale à separação judicial, nos termos do código civil de 2002 (nota da Editora).

Normalmente, porém, através do consórcio matrimonial, exercitam-se melhor as virtudes morais, que devem ser trabalhadas a benefício do lar e da compreensão de ambos os comprometidos na empresa redentora. Nessas circunstâncias, a prole, quase sempre vinculada por desajustes pretéritos, é igualmente convocada ao buril da lapidação, na oficina doméstica, de cujos resultados surgem compromissos vários em relação ao futuro individual de cada membro do clã, como do grupo em si mesmo.

Atraídos por necessidades redentoras, mas despreparados para elas, os membros do programa afetivo, não poucas vezes, descobrem de imediato a impossibilidade de continuarem juntos.

De certo modo, a precipitação resultante do imediatismo materialista que turba o discernimento, quase sempre pelo desequilíbrio no comportamento sexual, é responsável pelas alianças de sofrimento, cuja harmonia difícil, quase sempre culmina em ódios ominosos ou tragédias lamentáveis.

Indispensável, no matrimônio, não se confundir paixão com amor, interesse sexual com afeição legítima.

Causa preponderante nos desajustes conjugais é o egoísmo, que se concede valores e méritos superlativos em detrimento do parceiro a quem se está vinculado.

Mais fascinados pelas sensações brutalizantes do que pelas emoções enobrecidas, fogem os nubentes desavisados um do outro, a princípio pela imaginação e depois pela atitude, abandonando a tolerância e a compreensão, de pronto iniciando o comércio da animosidade, ou dando corpo às frustrações que degeneram em atritos graves e enfermidades perturbadoras.

Comprometessem-se, realmente, a ajudar-se com lealdade, estruturassem-se nos elementos das lições evangélicas, compreendessem e aceitassem como legítimos a transitoriedade do corpo e o valor da experiência provacional, e se evitariam incontáveis dramas, inumeráveis desastres do lar, que ora desarticulam as famílias e infelicitam a sociedade.

O casamento é contrato de deveres recíprocos, em que se devem empenhar os contratantes a fim de lograrem o êxito do cometimento.

A sociedade materialista, embora disfarçada de religiosa, facilita o rompimento dos liames que legalizam o desposório por questões de somenos importância, facultando à grande maioria dos comprometidos perseguir sensações novas, com que desborda pela via de alucinações decorrentes de sutis como vigorosas obsessões resultantes do comportamento passado e do desassisamento do presente.

O divórcio como o desquite são, em consequência, soluções legais para o que moralmente já se encontra separado.

Evidente que tal situação é sempre meritória, por evitar atitudes mais infelizes que culminam em agravamento de conduta para os implicados na trama dos reajustamentos de que não se evadirão.

Volverão a encontrar-se, sem dúvida, quiçá em posição menos afortunada, oportunamente.

Imprescindível que, antes da atitude definitiva para o divórcio, tudo se envide em prol da reconciliação, ainda mais considerando quanto os filhos merecem que os pais se imponham uma união respeitável, de cujo esforço muito dependerá a felicidade deles.

Períodos difíceis ocorrem em todo e qualquer empreendimento humano.

Na dissolução dos vínculos matrimoniais, o que padeça a prole será considerado como responsabilidade dos genitores, que se somassem esforços poderiam ter contribuído com proficiência, através da renúncia pessoal, para a dita dos filhos.

***

Se te encontras na difícil conjuntura de uma decisão que implique problema para os teus filhos, para e medita. Necessitam de ti, mas, também, do outro membro-base da família.

Não te precipites, através de soluções que, às vezes, complicam as situações.

Dá tempo a que a outra parte desperte, concedendo-lhe ensancha para o reajustamento.

De tua parte, permanece no posto.

Não sejas tu quem tome a decisão.

A humildade e a perseverança no dever conseguem modificar comportamentos, reacendendo a chama do entendimento e do amor, momentaneamente apagada.

Não te apegues ao outro, porém, até a consumação da desgraça.

Se alguém não mais deseja, espontaneamente, seguir contigo, não te transformes em algema ou prisão.

Cada ser ruma pela rota que melhor lhe apraz e vive conforme lhe convém. Estará, porém, aonde quer que vá, sob o clima que merece.

Tem paciência e confia em Deus.

Quando se modifica uma circunstância ou muda uma situação, não infiras disso que a vida, a felicidade se acabaram.

Prossegue animado de que aquilo que hoje não tens será fortuna amanhã em tua vida.

Se estiveres a sós e não dispuseres de forças, concede-te outra oportunidade, que enobrecerás pelo amor e pela dedicação.

Se te encontrares ao lado de um cônjuge difícil, ama-o, assim mesmo, sem deserção, fazendo dele a alma amiga com quem estás incurso pelo pretérito, para a construção de um porvir ditoso que a ambos dará a paz, facultando, desse modo, a outros Espíritos que se revincularão pela carne, a ocasião excelente para a redenção.

Joanna de Ângelis

7
Anticonceptivos e planejamento familiar

Alegações ponderosas que merecem consideração vêm sendo arroladas para justificar-se a planificação familiar através do uso dos anticonceptivos de variados tipos. São argumentos de caráter sociológico, ecológico, econômico, demográfico, considerando-se com maior vigor os fatores decorrentes das possibilidades de alimentação numa Terra tida como semiexaurida de recursos para nutrir aqueles que se multiplicam, geometricamente, com espantosa celeridade...

Entusiastas sugerem processos definitivos de impedimento procriativo, pela esterilização dos casais com dois filhos, sem maior exame da questão, no futuro, transformando o indivíduo e a sua função genética em simples máquina que somente deve ser acionada para o prazer, nem sempre capaz de propiciar bem-estar e harmonia.

Sem dúvida, estamos diante de um problema de alta magnitude, que deve ser, todavia, estudado à luz do Evangelho e não por meio dos complexos cálculos frios da precipitação materialista.

O homem pode e deve programar a família que deseja e lhe convém ter: número de filhos, período propício para a maternidade, nunca, porém, se eximirá aos imperiosos resgates a que faz jus, tendo em vista o seu próprio passado.

Melhor usar o anticonceptivo do que abortar...

Os filhos, porém, não são realizações fortuitas, decorrentes de circunstâncias secundárias na vida. Procedem de compromissos aceitos antes da reencarnação pelos futuros progenitores, de modo a edificarem a família de que necessitam para a própria evolução. É-lhes lícito adiar a recepção de Espíritos que lhes são vinculados, impossibilitando mesmo que se reencarnem por seu intermédio.

Irrisão, porém, porquanto as Soberanas Leis da Vida dispõem de meios para fazer que aqueles rejeitados venham por outros processos à porta dos seus devedores ou credores, em circunstâncias quiçá muito dolorosas, complicadas pela irresponsabilidade desses cônjuges que ajam com leviandade, em flagrante desconsideração aos códigos divinos.

Assevera-se que procriar sem poder educar, ter filhos sem recursos para cuidar deles, aumentando, incessantemente, a população da Terra, representa condená-los à miséria, e a sociedade do futuro a destino inditoso...

Ainda aí o argumento se reveste do sofisma materialista, que um dia inspirou Malthus na sua conceituação lamentável e no não menos infeliz neomalthusianismo que adveio posteriormente...

Ninguém pode formular uma perfeita visão do porvir para a Humanidade, e os futurólogos que aí se encontram têm estado confundidos pelas próprias previsões, nas surpresas decorrentes da sucessão dos acontecimentos ainda nos seus dias...

A cada instante recursos novos e novas soluções são encontrados para os problemas humanos.

Escasso, porém, é o amor nos corações, cuja ausência fomenta a fome de fraternidade, de afeição e de misericórdia, responsável pelas misérias que se multiplicam em toda parte.

Não desejamos aqui reportar-nos às guerras de extermínio, que o próprio homem tem engendrado e de que se utiliza a Divindade para manter o equilíbrio demográfico, tampouco às calamidades sísmicas que irrompem cada dia voluptuosas, convidando a salutares reflexões...

Quando um filho enriquece um lar, traz com ele os valores indispensáveis à própria evolução, intrínseca e extrinsecamente.

A cautela de que se utilizam alguns pais, aguardando comodidade financeira para pensar na progenitura, nem sempre é válida, graças às próprias vicissitudes que conduzem uns à ruína econômica e outros à abastança por meios imprevisíveis.

A programação da família não pode ser resultado da opinião genérica dos demógrafos assustados, mas fruto do diálogo franco e ponderado dos próprios cônjuges, que assumem a responsabilidade pelas atitudes de que darão conta.

O uso dos anticonceptivos como a implantação no útero de dispositivos anticoncepcionais, mesmo quando considerado legal, higiênico, necessita possuir caráter moral, a fim de se evitarem danos de variada consequência ética.

A chamada necessidade do "amor livre" vem impondo o uso desordenado dos anovulatórios, de certo modo favorecendo a libertinagem humana, a degenerescência dos costumes, a desorganização moral e, consequentemente, social dos homens, que se tornam vulneráveis à delinquência, à violência e às múltiplas frustrações que ora infelicitam verdadeiras multidões que transitam inermes e hebetadas, arrojando-se aos abusos alucinógenos, à loucura, ao suicídio...

Experiências de laboratório com roedores, aos quais permitem a procriação incessante, hão demonstrado que a superpopulação em espaços exíguos os alucina e incapacita...

Daí defluem, apressados, que o mesmo se vem dando com o homem, para justificarem a falência dos valores éticos, e utilizando-se da observação a fim de fomentarem a necessidade de impedir-se a natalidade espontânea... Em realidade, porém, os fatos demonstram que, com o homem, o fenômeno não é análogo.

Quando os recursos do Evangelho forem realmente utilizados, a pacificação e a concórdia dominarão os corações...

***

Antes das deliberações finalistas quanto à utilização deste ou daquele recurso anticonceptivo, no falso pressuposto de diminuir a densidade de habitantes no mundo, recorre ao Evangelho, ora e medita.

Deus tudo provê, sem dúvida, utilizando o próprio homem para tais fins.

Em toda parte na Criação vigem as leis do equilíbrio, particularmente do equilíbrio biológico.

Olha em derredor e concordarás.

Os animais multiplicam-se, as espécies surgem ou desaparecem por impositivos evolutivos, naturais.

Muitas espécies ora extintas sofreram a sanha do homem desarvorado. Mas a ordem divina sempre programou com sabedoria a reprodução e o desaparecimento automático.

O fantasma da fome de que se fala, mesmo quando a Terra não possuía superpopulação, como as pestes e as guerras, dizimou, no passado, cidades, países inteiros.

Conserva os códigos morais insculpidos no Espírito e organiza tua família, confiante, entregando-te a Deus e porfiando no Bem, porquanto, em última análise, d'Ele tudo procede como atento Pai de todos nós.

Joanna de Ângelis

8
TAREFAS

Gostarias de servir, guindado, porém, aos altos postos e dirimirias muitas dificuldades, solvendo os aflitivos problemas que esmagam o povo.

Preferirias atuar em relevantes compromissos, nos quais a própria atividade se convertesse em repressão ao crime de todos os matizes.

Desejarias abraçar missões especiais, no mundo das pesquisas científicas ou no campo das ciências sociais, abrindo horizontes claros para a coletividade.

Pretenderias o trabalho nas altas esferas religiosas, comentando as necessidades das massas junto aos administradores do mundo e sugerindo roteiros iluminativos quanto libertadores.

Estimarias a liderança na coletividade, favorecido pelos recursos que enxergas nos outros, e lamentas serem inúteis onde se encontram...

No entanto, não sabes as lutas das posições frontais.

Desconheces, talvez, que todos eles, convidados pelas leis a atenderem as dificuldades dos outros homens, são, igualmente, homens em dificuldade.

Atormentam-se, sofrem, choram e vivem com a máscara sobre o cariz, conforme os figurinos da política infeliz ou os modelos da cultura em abastardamento.

Lutam contra máquinas emperradas e odiosas.

Muitas vezes são vencidos.

Alçaram-se às culminâncias do poder sem base para os pés.

São iguais a ti mesmo.

A posição de relevo não faz o caráter reto.

A mudança de governo não opera repentina mudança de moral.

O problema social é mais complexo do que parece.

Podes, todavia, muito fazer. Não de cima, mas de onde te encontras.

O suntuoso palácio subalterniza-se ao alicerce que serve de apoio à construção.

Se o sacerdócio que anelas não te alcança o ideal, recorda que o lar é a escola da iniciação primeira para qualquer investidura. Todos aqueles que se notabilizaram, no mundo, passaram pelas mãos anônimas do domicílio familiar, onde se apagaram os pais e os mestres na extensão de sacrifícios grandiosos e desconhecidos.

A ferramenta humilde que rasga o solo onde repousará o monumento, é irmã do buril que talhou a pedra.

A enxada gentil que prepara a terra é companheira da pena que sanciona as leis agrárias de justa distribuição de terrenos.

Todas as tarefas do bem são ministérios divinos em que devemos empenhar a vitalidade, sem esmorecimento nem reclamação.

Sem as mãos da humilde cozinheira, as mãos do sábio não poderiam movimentar o progresso humano...

Cumpre, pois, o dever que te cabe, com a alma em prece e, embora não sejas notado na Terra, demorando-te desconhecido, recorda que Jesus, até agora, é o Grande Servidor Anônimo, a ensinar-nos que a maior honra da vida é o privilégio de ajudar e passar adiante, servindo sempre e sem cansaço.

Joanna de Ângelis

9
Dentro do lar

Famílias problemáticas!...
Irmãos que se antagonizam...
Cônjuges em lamentáveis litígios...
Animosidades entre filho e pai, farpas de ódios entre filha e mãe...
Afetos conjugais que se desmantelam em caudais de torvas acrimônias.
Sorrisos filiais que se transfiguram em rictos de idiossincrasias e vinditas...
Tempestades verbais em discussões extemporâneas...
Agressões infelizes de consequências fatais...
Tragédias nas paredes estreitas das famílias...
Enfermidades rigorosas sob látegos de impiedosa maldade...
Mãos encanecidas sob tormentos de filhos dominados por ódios inomináveis.
Pais enfermos açoitados por filhas obsidiadas, em conúbios satânicos de reações violentas em cadeia de ira...
Irmãos dependentes sofrendo agressões e recebendo amargos pães, fabricados com vinagre e fel de queixa e recriminações...
Famílias em guerras tiranizantes, famílias-problemas!...

***

É da Lei Divina que o infrator renasça ligado à infração que o caracteriza.

A justiça celeste estabeleceu que a sementeira tem caráter espontâneo, mas a colheita tem impositivo de obrigatoriedade.

O esposo negligente de ontem, hoje recebe no lar a antiga companheira nas vestes de filha ingrata e maldizente.

A nubente atormentada, que no passado desrespeitou o lar, acolhe nos braços, no presente, o esposo traído, vestindo as roupas de filho insidioso e cruel.

O companheiro do pretérito culposo se revincula pela consanguinidade à vítima, desesperada, reencontrando-a em casa como irmão impenitente e odioso.

O braço açoitador se imobiliza sob vergastadas da loucura encarcerada nos trajos da família.

Desconsideração de outrora, desrespeito da atualidade.

Insânia gerando sandice, e criminalidade alimentando aversões.

Chacais produzindo chacais.

Lobos tombando em armadilhas para lobos.

Cobradores reencarnados junto às dívidas, na província do instituto da família, dentro do lar.

***

Acende a claridade do Evangelho no lar e ama a tua família-problema, exercitando humildade e resignação.

Preserva a paciência, elaborando o curso de amor nos exercícios diários do silêncio entre os panos da piedade para os que te compartem o ninho doméstico, revivendo os dias idos com execrandas carantonhas, sorvendo azedume e miasmas.

Não renasceste ali por circunstância anacrônica ou casual.

Não resides com uma família-problema por fator fortuito nem por engano dos Espíritos Egrégios.

Escolheste, antes do retorno ao veículo físico, aqueles que dividiriam contigo as aflições superlativas e os próprios desenganos.

Solicitaste a bênção da presença dos que te cercam em casa, para librares com segurança nos cimos para onde rumas.

Sem eles faltariam bases para os teus pés jornadeiros.

Sem a exigência deles, não serias digno de compartilhar a vilegiatura espiritual com os Amorosos Guias que te esperam.

São eles, os parentes severos nos trajos de verdugos inclementes, a lição de paciência que necessitas viver, aprendendo a amar os difíceis de amor para te candidatares ao Amor que a todos ama.

A mensagem espírita, que agora rutila no teu Espírito transformado em farol de vivo amor e sabedoria, é o remédio--consolo para tuas dores no lar, o antídoto e o tratado de armistício para o campo de batalha onde esgrimes com as armas da fé e da bondade, apaziguando, compreendendo, desculpando, confiando em horas e dias melhores para o futuro...

Apoia-te ao bastão da certeza reencarnacionista, aproveita o padecimento ultor, ajuda os verdugos da tua harmonia, mas dá-lhes a luz do conhecimento espírita para que, também eles, os problemas em si mesmos, elucidem os próprios enigmas e dramas, rumando para experiências novas com o coração afervorado e o Espírito tranquilo.

Joanna de Ângelis

10
Espiritismo no lar

"Deus permite que, nas famílias, ocorram essas encarnações de Espíritos antipáticos ou estranhos, com o duplo objetivo de servir de prova para uns e, para outros, de meio de progresso."
(*O Evangelho segundo o Espiritismo*, capítulo IV – Item 18).

Todos sabemos valorizar o benefício de um copo com água fria ou de uma ampola de injetável tranquilizante, ofertados num momento de grande aflição.

Reconhecemos a bênção do alfabeto que nos descortina as belezas do conhecimento universal e bendizemos quem no-lo imprimiu nos recessos da mente.

Mantemos no carinho do Espírito aqueles que nos ajudaram nos primeiros dias da reencarnação, oferecendo-nos amparo e amamentação.

Somos reconhecidos àqueles que nos nortearam em cada hora de dúvida e não esquecemos o coração que nos agasalhou nos instantes difíceis do caminho renovador...

Muitos há, no entanto, que desdenham e esquecem todos os benefícios que recebem durante a vida...

Há um inestimável benefício que te enriquece a existência na Terra: o conhecimento espírita.

Esse é guia dos teus passos, luz nas tuas sombras e pão na mesa das tuas necessidades.

Poucas vezes, porém, pensaste nisso.

Recebeste com o Espiritismo a clara manhã da alegria, quando carregavas noite nos painéis mentais e segues confiante, de passo firme, com ele a conduzir-te qual mãe desvelada e fiel.

Se o amas, não o detenhas apenas em ti.

Faze mais. Não somente em propaganda "por fora", mas principalmente dentro do teu lar.

No lar se caldeiam os Espíritos em luta diária nas tarefas de reajustamento e sublimação.

Na família os choques da renovação espiritual criam lampejos de ódios e dissensão, que podes converter em clarões-convites à paz.

Não percas a oportunidade de semear dentro de casa.

Apresenta a tua fé aos teus familiares mesmo que eles não queiram escutar.

Utiliza o tempo, a psicologia da bondade e do otimismo, e esparze as luminescências da palavra espírita no reduto doméstico.

Se te recusarem ensejo, apresenta-o, agindo.

Se te repudiarem, conduze-o, desculpando.

Se te ferirem, espalha-o, amando.

Pelo menos uma vez por semana, reúne a tua família e felicita-a com o Espiritismo, criando, assim, e mantendo o culto evangélico, para que a diretriz do Mestre seja eficiente rota de amor à sabedoria em tua casa...

Ali, na oportunidade, ouvidos desencarnados se imantarão aos ouvidos dos teus e escutarão; olhos atentos verão pelos olhos da tua família e se nublarão de pranto; mentes se ligarão às outras mentes e entenderão... Sim, ouvidos, olhos e mentes dos desencarnados que habitam a tua residência se acercarão da mesa de comunhão com o Senhor, recebendo o pão nutriente para os Espíritos perturbados, através do combustível espírita que não é somente manancial para os homens da Terra, mas igualmente para os que atravessaram os portais do Além-túmulo em doloroso estado de sofrimento e ignorância.

Agradece ao Espiritismo a felicidade que possuis, acendendo-o como chama inapagável no teu lar, para clarear os teus familiares por todos os dias.

O pão mantém o corpo.

O agasalho guarda o corpo.

O medicamento recupera o corpo.

O dinheiro acompanha o corpo.

Seja o Espiritismo em ti o corpo do teu Espírito emboscado no teu corpo, a caminhar pelo tempo sem-fim para a Imortalidade gloriosa.

E se desejares felicidade na Terra, incorpora-o ao teu lar, criando um clima de felicidade geral.

Joanna de Ângelis

11
CRISTO EM CASA

Contrapondo-se à onda crescente da loucura que irrompe avassaladora de toda parte e domina penetrando os lares e os destroçando, o Evangelho de Jesus, hoje como no passado, abre larga faixa para a esperança, facultando a visão de um futuro promissor onde os desassossegos do coração não terão ensejo de medrar.

A par da lascívia e do moderno comércio do erotismo, que consomem as mais elevadas aspirações humanas na indústria da devassidão, as sementes luminosas da Boa-nova, plantadas na intimidade do conjunto familiar, desdobram-se em embriões de amor que enriquecem os Espíritos de paz, recuperando os homens portadores das enfermidades espirituais de longo curso e medicando-os com as dádivas da saúde.

Enquanto campeia a caça desassisada aos estupefacientes e barbitúricos, aos narcóticos e aos excessos do sexo em desalinho, a mensagem do Reino de Deus cada semana, na família, representa remédio valioso que consegue recompor das distonias psíquicas aqueles que jazem anestesiados sob o jugo de *forças* ultrizes e vingadoras de existências pretéritas.

Há mais enfermos no mundo do que se supõe que existam. Isto, porque, no reduto familiar, raramente fecundam a conversação edificante, o entendimento fraterno, a tolerância geral, o amor desinteressado... Vinculados por compromissos vigorosos para a própria evolução, os Espíritos reencarnam-se no mesmo grupo cromossomático, endividados entre si, para o necessário reajustamento, trazendo nos refolhos da memória espiritual as recordações traumáticas e as lembranças nefastas, deixando-se arrastar, invariavelmente, a complexos processos de obsessão recíproca, graças ao ódio mantido, às animosidades conservadas e nutridas com as altas contribuições da rebeldia e da violência.

Em razão disso, o desrespeito grassa, a revolta se instala, a indiferença insiste e a aversão assoma...

A família, em tais circunstâncias, se transforma em palco de tragédias sucessivas, quando não se faz aduana de traições e insídias...

Estimulando os desajustes que se encontram inatos nos grupos da consanguinidade, a hodierna técnica da comunicação malsã tem conspirado poderosamente contra a paz do lar e a felicidade dos homens.

***

Cristo, porém, quando se adentra pelo portal do lar, modifica a paisagem espiritual do recinto.

As cargas de vibrações deletérias, os miasmas da intolerância, os tóxicos nauseantes da ira, as palavras azedas vão rareando, ao suave-doce contágio do Seu amor, e se modificam as expressões da desarmonia e do desconforto, produzindo natural condição de entendimento, de alegria, de refazimento.

Cristo no lar significa comunhão da esperança com o amor.

A Sua presença produz sinais evidentes de paz, e aqueles que antes experimentavam repulsa pelo ajuntamento doméstico descobrem sintomas de identificação, necessidade de auxílio mútuo.

Com Jesus em casa acendem-se as claridades para o futuro, a iluminar as sombras que campeiam desde agora.

***

Abre o "livro da vida" e medita nos "ditos do Senhor", pelo menos uma vez na semana, entre aqueles que vivem contigo em conúbio familiar. Mergulha a mente nas suas lições, embriaga o Espírito na esperança, sobre a água lustral da "fonte viva" generosa e abundante, esquece os painéis tumultuados que são habituais e marcha na direção da alegria.

Se não consegues a companhia dos que te repartem a consanguinidade para tal ministério, não desfaleças. Faze-o assim mesmo.

Se assomam óbices inesperados, não descoroçoes, insistindo, ainda assim.

Se surpresas infelizes conspiram à hora do teu encontro semanal com Ele, não desesperes e retoma as tentativas, perseverando...

Quando Cristo penetra a alma do discípulo, refá-la; quando visita a família em prece, sustenta-a.

Faze do teu lar um santuário onde se possa aspirar o aroma da felicidade e fruir o néctar da paz.

***

Sob o dossel das estrelas, no passado, o Senhor, enquanto conosco, instaurou nos lares humildes dos discípulos o convívio da prece, da palestra edificante, inaugurando a era da convivência pacífica, da discussão produtiva, do intercâmbio com o Mundo Excelso...

Abrindo-Lhe o lar uma vez que seja, em cada sete dias, experimentarás com Ele a inexcedível ventura de aprender a amar para bem servir e crescer para a liberdade que nos alçará além e acima das próprias limitações, integrando-nos na família universal em nome do Amor de Nosso Pai.

Joanna de Ângelis

***

"Senhor, não sou digno de que entres em minha casa."
Mateus, 8:8.

"Um dia, Deus, em sua inesgotável caridade, permitiu que o homem visse a verdade varar as trevas. Esse dia foi o do advento do Cristo. Depois da luz viva, voltaram as trevas. Após alternativas de verdade e obscuridade, o mundo novamente se perdia. Então, semelhantemente aos profetas do Antigo Testamento, os Espíritos se puseram a falar e a adverti-los. O mundo está abalado em seus fundamentos; reboará o trovão. Sede firmes!"

O Evangelho segundo o Espiritismo, capítulo I, item 10.

12
Jesus contigo

Dedica uma das sete noites da semana ao Culto Evangélico no Lar, a fim de que Jesus possa pernoitar em tua casa.

Prepara a mesa, coloca água pura, abre o Evangelho, distende a mensagem da fé, enlaça a família e ora. Jesus virá em visita.

Quando o Lar se converte em santuário, o crime se recolhe ao museu. Quando a família ora, Jesus se demora em casa. Quando os corações se unem nos liames da Fé, o equilíbrio oferta bênçãos de consolo e a saúde derrama vinho de paz para todos.

Jesus no Lar é vida para o Lar.

Não aguardes que o mundo te leve a certeza do bem invariável. Distende, da tua casa cristã, a luz do Evangelho para o mundo atormentado.

Quando uma família ora em casa, reunida nas blandícias do Evangelho, toda a rua recebe o benefício da comunhão com o Alto.

Se alguém, num edifício de apartamentos, alça aos Céus a prece da comunhão em família, todo o edifício se beneficia, qual lâmpada ignorada, acesa na ventania.

Não te afastes da linha direcional do Evangelho entre os teus familiares. Continua orando fiel, estudando com os teus filhos e com aqueles a quem amas as diretrizes do Mestre e, quando possível, debate os problemas que te afligem à luz clara da mensagem da Boa-nova e examina as dificuldades que te perturbam ante a inspiração consoladora do Cristo. Não demandes a rua, nessa noite, senão para os inevitáveis deveres que não possas adiar. Demora-te no Lar para que o divino Hóspede aí também se possa demorar.

E quando as luzes se apagarem à hora do repouso, ora mais uma vez, comungando com Ele, como Ele procura fazer, a fim de que, ligado a ti, possas, em casa, uma vez por semana em sete noites, ter Jesus contigo.

Joanna de Ângelis

13
Estudo Evangélico no Lar

Na expressiva república do lar, onde se produzem as experiências de sublimação, estabelece o estatuto do Evangelho de Jesus como diretriz de segurança e legislação de sabedoria, a fim de equilibrares e conduzires com retidão os que aí habitam em clima familial.

Semanalmente, em regime de pontualidade e regularidade, abre as páginas fulgurantes onde estão insculpidos os "ditos do Senhor" e estuda com o teu grupo doméstico as sempre atuais lições que convidam a maduras ponderações, de imediata utilidade.

Haurirás inusitado vigor que te fortalecerá do íntimo para o exterior, concitando-te à alegria.

Compartirás, no exame das questões sempre novas na pauta dos estudos, dos problemas que inquietam os filhos e demais membros do clã, encontrando, pela inspiração que fluirá abundante, soluções oportunas e simples para as complexas dificuldades, debatendo com franqueza e honestidade as limitações e os impedimentos, que não raro geram atrito, estimulando animosidade no conserto de reparação na intimidade doméstica.

Penetrarás elucidações dantes não alcançadas, robustecendo o Espírito para as conjunturas difíceis em que transitarás inevitavelmente.

Ensejar-te-ás diálogos agradáveis sob a diamantina claridade da fé e a balsâmica medicação da paz, estabelecendo vigorosos liames de entrosamento anímico e fraternal entre os participantes do ágape espiritual.

Dramas que surgem na família; incompreensões que se agravam; urdidas traiçoeiras; pessoas em rampa de perigo iminente; enfermidades em fixação; cerco obsessivo constritor; suspeitas em desdobramento pernicioso; angústias em crises a caminho do autocídio; inquietações de vária ordem em painéis de agressividade ou loucura recebem no culto evangélico do lar o indispensável antídoto com as consequentes reservas de esclarecimento e coragem para dirimir equívocos, finalizar perturbações, predispor à paz e ajudar nos embates todos quantos aspirem à renovação, ao entusiasmo e à liberdade.

Onde se acende uma lâmpada, coloca-se um impedimento à sombra e à desfaçatez...

No lugar em que a ordem elabora esquema de produtividade, escasseia a incúria e se debilita a estroinice.

O convite do Evangelho, portanto, – lâmpada sublime e lei dignificante – tem caráter primeiro.

Da mesma forma que a enxada operosa requisita braços diligentes e a terra abençoada espera serviço de proteção e cultivo, a lavoura do bem entre os homens exige trabalho contínuo e operários especializados.

Começa, desse modo, na família, a tua obra de extensão à fraternidade geral.

Inconsequente arregimentar esforços de salvação externa e falires na intimidade doméstica, adiando compromissos.

Faze o indispensável, da tua parte, todavia, se os teus se negarem compartir o ministério a que te propões, a sós, reservadamente, na limitação da tua peça de dormir, instala a primeira lâmpada de estudo evangélico e porfia...

Se, todavia, os teus filhos estiverem, ainda, sob a tua tutela, não creias na validade do conceito de deixá-los ir, sem religião, sem Deus... Como lhes dás agasalho e pão, medicamento e instrução, vestuário e moedas, oferta-lhes, igualmente, o alimento espiritual, semeando no solo dos seus Espíritos as estrelas da fé, que hoje ou mais tarde se transformarão na única fortuna de que disporão, ante o inevitável trânsito para o país do Além-túmulo...

Não te descures.

A noite da oração em família, do estudo cristão no lar é a festiva oportunidade de conviveres algumas horas com os Espíritos da Luz que virão ajudar-te nas provações purificadoras, em nome daquele que é o Benfeitor vigilante e Amigo de todos nós.

Joanna de Ângelis

14
Deveres dos pais

Por impositivo da sabedoria divina, no homem a infância demora maior período do que em outro animal qualquer.

Isto, porque, enquanto o Espírito assume, a pouco e pouco, o controle da organização fisiológica de que se serve para o processo evolutivo, mais fáceis se fazem as possibilidades para a fixação da aprendizagem e a aquisição dos hábitos que o nortearão por toda a existência planetária.

Como decorrência, grande tarefa se reserva aos pais no que tange aos valores da educação, deveres que não podem ser postergados sob pena de lamentáveis consequências.

Os filhos – esse patrimônio superior que a Divindade concede por empréstimo –, através dos liames que a consanguinidade enseja, facultam o reajustamento emocional de Espíritos antipáticos entre si, a sublimação de afeições entre os que já se amam, o caldeamento de experiências e o delinear de programas de difícil estruturação evolutiva, pelo que merecem todo um investimento de amor, de vigilância e de sacrifício por parte dos genitores.

A união conjugal propiciatória da prole edificada em requisitos legais e morais constitui motivo relevante, e não deve ser confundida com as experiências do prazer, que se podem abandonar em face de qualquer conjuntura que exige reflexão, entendimento e renúncia de algum ou de ambos nubentes.

***

Os deveres dos pais em relação aos filhos estão inscritos na consciência.

Evidentemente as técnicas psicológicas e a metodologia da educação tornam-se fatores nobres para o êxito desse cometimento. Entretanto, o amor – que tem escasseado nos processos modernos da educação com lamentáveis resultados – possui os elementos essenciais para o feliz desiderato.

No compromisso do amor, estão evidentes o companheirismo, o diálogo franco, a solidariedade, a indulgência e a energia moral de que necessitam os filhos, no longo processo da aquisição dos valores éticos, espirituais, intelectuais e sociais.

No lar, em consequência, prossegue sendo na atualidade de fundamental importância no complexo mecanismo da educação.

Nesse sentido, é de essencial relevância a lição dos exemplos, a par da assistência constante de que necessitam os caracteres em formação, argila plástica que deve ser bem modelada.

No capítulo da liberdade, esse fator basilar, nunca deixar esquecido o dever da responsabilidade. Liberdade de ação e responsabilidade dos atos, ajudando no discernimento desde cedo entre o que se deve, convém e se pode realizar.

***

Plasma, na personalidade em delineamento do filhinho, os hábitos salutares.

Diante dele, frágil de aparência, tem em mente que se trata de um Espírito comprometido com a retaguarda, que recomeça a experiência com dificuldades, e que muito depende de ti.

Nem o excesso de severidade para com ele, nem o acúmulo de receios injustificados, em relação a ele, ou a exagerada soma de aflição por ele.

Fala-lhe de Deus sem cessar e ilumina-lhe a consciência com a flama da fé rutilante, que lhe deve lucilar no íntimo como farol de bênçãos para todas as circunstâncias.

Ensina-lhe a humildade ante a grandeza da vida e o respeito a todos, como valorização preciosa das concessões divinas.

O que lhe não concedas por negligência, ele te cobrará depois...

Se não dispões de maiores ou mais valiosos recursos para dar-lhe, ele saberá reconhecer e, por isso, mais te amará.

Todavia, se olvidaste de ofertar-lhe o melhor ao teu alcance também ele compreenderá e, quiçá, reagirá de forma desagradável.

Os pais educam para a sociedade, quanto para si mesmos.

Examina a tua vida e dela retira as experiências com que possas brindar a tua prole.

Tens conquistas pessoais, porquanto já trilhaste o caminho da infância, da adolescência e sabes de *moto próprio* discernir entre os erros e acertos dos teus educadores, identificando o que de melhor possuis para dar.

Não te poupes esforços na educação dos filhos.

Os pais assumem, desde antes do berço, com aqueles que receberão na condição de filhos compromissos e deveres que devem ser exercidos, desde que serão, também, por sua vez, meios de redenção pessoal perante a consciência individual e a Cósmica que rege os fenômenos da vida, nos quais todos estamos mergulhados.

Joanna de Ângelis

15
Educação

Conceito – A educação é base para a vida em comunidade, por meio de legítimos processos de aprendizagem que fomentam as motivações de crescimento e evolução do indivíduo.

Não apenas um preparo para a vida, mediante a transferência de conhecimentos pelos métodos da aprendizagem. Antes, é um processo de desenvolvimento de experiências, no qual educador e educando desdobram as aptidões inatas, aprimorando-as como recursos para a utilização consciente nas múltiplas oportunidades da existência.

Objetivada como intercâmbio de aprendizagens, merece considerá-la nas matérias, nos métodos e fins, quando se restringe à instrução. Não somente a formar hábitos e desenvolver o intelecto, deve dedicar-se a educação, mas, sobretudo, realizar um *continuum* permanente, em que as experiências, por não cessarem, se fixam ou se reformulam, tendo em conta as necessidades da convivência em sociedade e da autorrealização do educando.

Os métodos na experiência educacional devem ser consentâneos às condições mentais e emocionais do aprendiz. Em vez de se lhe impingir, por meio do processo repetitivo, os conhecimentos adquiridos, o educador há de motivá-lo às próprias descobertas, com ele crescendo, de modo que a sua contribuição não seja o resultado do "pronto e concluído", processo que, segundo a experiência de alguns, "deu certo até aqui".

Na aplicação dos métodos e escolha das matérias, merece considerar as qualidades do educador, sejam de natureza intelectual ou emocional e psicológica, como de caráter afetivo ou sentimental.

Os fins, sem dúvida, estão além das linhas da escolaridade. Erguem-se como permanente etapa a culminar na razão do crescimento do indivíduo, sempre além, até transcender-se na realidade espiritual do porvir.

A criança não é um "adulto miniaturizado", nem uma "cera plástica", facilmente moldável.

Trata-se de um Espírito em recomeço, momentaneamente em esquecimento das realizações positivas e negativas que traz das vidas pretéritas, empenhado na conquista da felicidade.

Redescobrindo o mundo e se reidentificando, tende a repetir atitudes e atividades familiares em que se comprazia antes, ou através das quais sucumbiu.

Tendências, aptidões, percepções são lembranças evocadas inconscientemente, que renascem em forma de impressões atraentes, dominantes, assim como limitações, repulsas, frustrações, agressividade e psicoses constituem impositivos constritores ou restritivos – não poucas vezes dolorosos – de que se utilizam as Leis Divinas para corrigir e disciplinar o rebelde que, apesar da manifestação física em período infantil, é Espírito relapso, mais de uma vez acumpliciado com o erro, a ele fortemente vinculado, em fracassos morais sucessivos.

Ao educador, além do currículo a que se deve submeter, são indispensáveis os conhecimentos da psicologia infantil, das leis da reencarnação, alta compreensão afetiva junto aos problemas naturais do *processus* educativo e harmonia interior, valores esses capazes de auxiliar eficientemente a experiência educacional.

As leis da reencarnação, quando conhecidas, penetradas necessariamente e aplicadas, conseguem elucidar os mais intrincados enigmas com que se defronta o educador no processo educativo, isto porque, sem elucidação bastante ampla, nem sempre exitosas, hão redundado as mais avançadas técnicas e modernas experiências.

A instrução é setor da educação, na qual os valores do intelecto encontram necessário cultivo.

A educação, porém, abrange área muito grande, na quase totalidade da vida. No período de formação do homem é pedra fundamental, por isso que ao instituto da família compete a indeclinável tarefa, porquanto pela educação, e não pela instrução apenas, se dar-se-á a transformação do indivíduo e, consequentemente, da Humanidade.

No lar assentam os alicerces legítimos da educação, que se transladam para a escola que tem a finalidade de continuar aquele mister, de par com a contribuição intelectual, as experiências sociais...

O lar constrói o homem.

A escola forma o cidadão.

Desenvolvimento – A escola tradicional, fundamentada no rigor da transmissão dos conhecimentos, elaborava métodos repetitivos de imposição, mediante o desgoverno da força, sem abrir oportunidades ao aprendiz de formular as próprias experiências, através do redescobrimento da vida e do mundo.

O educador, utilizando-se da posição de semideus, fazia-se um simples repetidor das expressões culturais ancestrais, asfixiando as germinações dos interesses novos no educando e matando-as, como recalcando por imposição os sentimentos formosos e nobres, ao tempo em que assinalava, irremediavelmente, de forma negativa os que recomeçavam a vida física sob o abençoado impositivo da reencarnação.

Expunha-se o conhecimento, impondo-o.

Com a escola progressiva, porém, surgiu mais ampla visão em torno da problemática da educação, e o educando passou a merecer o necessário respeito, de modo a desdobrar possibilidades próprias, fomentando intercâmbios experienciais a benefício de mais valiosa aprendizagem.

Não mais a fixidez tradicional, porém os métodos móveis da oportunidade criativa.

Atualizada através de experiências de liberdade exagerada – graças à técnica da enfática da própria liberdade –, vem pecando pela libertinagem que enseja, porquanto, em se fundamentando em filosofias materialistas, não percebe no educando um Espírito em árdua luta de evolução, mas um corpo e uma mente novos a armazenarem num cérebro em formação e desenvolvimento a herança cultural do passado e as aquisições do presente, com hora marcada para o aniquilamento, após a transposição do portal do túmulo...

Nesse sentido, conturbadas e infelizes redundaram as tentativas mais modernas no campo educacional, produzindo larga e expressiva faixa de jovens desajustados, inquietos, indisciplinados, qual a multidão que ora desfila, com raras exceções, a um passo da alucinação e do suicídio.

Inegavelmente, na educação a liberdade é primacial, porém com responsabilidade, a fim de que as conquistas se incorporem nos seus efeitos ao educando, que os ressarcirá quando negativos, como os fruirá em bem-estares quando positivos.

Nesse sentido, nem agressão nem abandono ao educando. Nem severidade exagerada nem negligência contumaz. Antes, técnicas de amor, através de convivência digna, assistência fraternal e programa de experiências vívidas, atuantes, em tarefas dinâmicas.

Espiritismo e educação – Doutrina eminentemente racional, o Espiritismo dispõe de vigorosos recursos para a edificação do templo da educação, porquanto penetra nas raízes da vida, jornadeando com o Espírito através dos tempos, de modo a elucidar recalques, neuroses, distonias que repontam desde os primeiros dias da conjuntura carnal, a se fixarem no carro somático para complexas provas ou expiações.

Considerando os fatores preponderantes como os secundários que atuam e desorganizam os implementos físicos e psíquicos, equaciona como problemas obsessivos as conjunturas em que padecem os trânsfugas da responsabilidade, agora travestidos em roupagem nova, reencetando tarefas, repetindo experiências para a libertação.

A educação encontra no Espiritismo respostas precisas para melhor compreensão do educando e maior eficiência do educador no labor produtivo de ensinar a viver, oferecendo os instrumentos do conhecimento e da serenidade, da cultura e da experiência aos reiniciantes do sublime caminho redentor, através dos quais os tornam homens voltados para Deus, o bem e o próximo.

Joanna de Ângelis

ESTUDO E MEDITAÇÃO:

(...) A educação, convenientemente entendida, constitui a chave do progresso moral. Quando se conhecer a arte de manejar os caracteres, como se conhece a de manejar as inteligências, conseguir-se-á corrigi-los, do mesmo modo que se aprumam plantas novas. Essa arte, porém, exige muito tato, muita experiência e profunda observação (...).

(*O Livro dos Espíritos,* Allan Kardec, questão 917).

***

"*Desde pequenina, a criança manifesta os instintos bons ou maus que traz da sua existência anterior. A estudá-los devem os pais aplicar-se. Todos os males se originam do egoísmo e do orgulho (...).*"

(*O Evangelho segundo o Espiritismo,* Allan Kardec, cap. XIV, item 9).

16
Laços eternos

A reencarnação estreita os vínculos do amor, tornando-os laços eternos, pelo quanto faculta de experiência na área da afetividade familiar.

Enquanto as ligações de sangue favorecem o egoísmo, atando as criaturas às algemas das paixões possessivas, a pluralidade das existências ajuda, mediante a superação das convivências pessoais, a união fraternal.

Os genitores e nubentes, os irmãos e primos, os avós e netos de uma etapa trocarão de lugar no grupo de companheiros que se afinam, permanecendo os motivos e emulações da amizade superior.

O desligamento físico pela desencarnação faz que se recomponham, no Além-túmulo, as famílias irmanadas pelo ideal da solidariedade, ensaiando os primeiros passos para a construção da imensa família universal.

Quando a força do amor vigilante detecta as necessidades dos corações que mergulharam na carne, sem egoísmo, pedem aos programadores espirituais das vidas que lhes permitam acompanhar aqueles afetos que os anteciparam, auxiliando-os nos cometimentos encetados, e reaparecem na parentela corporal ou naquela outra, a da fraternidade real que os une e faculta os exemplos de abnegação, renúncia e devotamento.

***

Este amigo que te oferece braço forte; esse companheiro a quem estimas com especial carinho; aquele conhecido a quem te devotas com superior dedicação; esse colega que te sensibiliza; esse outro discreto benfeitor da tua vida; aqueloutro vigilante auxiliar que se apaga para que apareças, são teus familiares em Espírito, que ontem envergaram as roupagens de um pai abnegado ou de uma mãe sacrificada, de um irmão zeloso ou primo generoso, de uma esposa fiel e querida ou de um marido cuidadoso, ora ao teu lado noutra modalidade biológica e familiar, alma irmã da tua alma, diminuindo as tuas dores, no carreiro da evolução e impulsionando-te para cima, sem pensarem em si...

Os adversários gratuitos que te sitiam e perturbam, os que te buscam sedentos e esfaimados, vencidos por paixões mesquinhas, são, também, familiares outros a quem ludibriaste e traíste, que agora retornam, necessitados do teu carinho, da tua reabilitação moral, a fim de que se refaça o grupo espiritual, que ascenderá contigo no rumo da felicidade.

***

Jesus, mais uma vez, confirmou a necessidade dessa fusão dos sentimentos acima dos vínculos humanos, exaltando a superior necessidade da união familiar pelos laços eternos do Espírito. A primeira, fê-lo, ao exclamar, respondendo à solicitação dos que Lhe apontavam a mãezinha amada que O buscava, referindo-se: – "Quem é minha mãe, quem são meus irmãos, senão aqueles que fazem a vontade do Pai?". Posteriormente, na cruz, quando bradou, num sublime testemunho, em resposta direta à Mãe angustiada que O inquirira: – "Meu filho, meu filho, que Te fizeram os homens?", elucidando-a e doando-a à Humanidade: – "Mulher, eis aí o teu filho" – "Filho, eis aí tua mãe", entregando-o ao seu cuidado, através de cuja ação inaugurou a Era da fraternidade universal acima de todos os vínculos terrenos.

Joanna de Ângelis

17
Perante a prole

Fitando o anjo corporificado nas carnes do filhinho que dorme, deténs-te junto ao berço de alegrias e exultas, dominado por compreensível júbilo, meditando quanto ao futuro risonho e abençoado que almejas para ele.

Não te ocorre a ideia de que o "rebento" das tuas células é também filho de Deus em vilegiatura evolutiva, seguindo hoje ao teu lado, sob a direção da tua experiência.

Naquele corpo que o tempo desdobrará e na fragilidade dos músculos que se enrijecerão dia a dia, momentaneamente repousa um Espírito que se prepara para as ingentes e santificantes tarefas do porvir.

Possivelmente não pensarás que essa concessão divina poderá um dia armar-se de revolta e agredir-te a velhice cansada, investindo, ao impacto de inomináveis ingratidões e rebeldias, contra as tuas fracas forças de então. Parece-te impossível, pois que é tão pequenino, formoso e meigo!

Os amigos afirmam que o teu filhinho se parece contigo, tendo a meiguice da mamãe e o nobre caráter do papai, apesar de tão diminuto. E têm razão, por enquanto.

Dá-lhe o legado do corpo, empresta-lhe alguns sinais fisionômicos e poderás plasmar nele alguns dos teus caracteres morais. Ele, porém, te solicita, desde já, mais do que deslumbramento e carinho. Necessita de ti, muito mais do que pensas.

Os pais não são os construtores da vida, porém, os *médiuns* dela, plasmando-a sob a divina diretriz do Senhor. Tornam-se instrumentos da oportunidade para os que sucumbiram nas lutas ou se perderam nos tentames da evolução, algumas vezes se transformando em veículos para os embaixadores da verdade descerem ao mundo em agonia demorada.

Pensa, portanto, e cogita com maturidade, educando o filho que Deus te concede, por algum tempo, nas diretrizes enobrecedoras da fé cristã, ministrando-lhe as lições vivas do exemplo dignificante.

Talvez a educação não consiga fazer tudo por ele, caso seja alguém assinalado por graves problemas que o acompanhem de outras existências... Prepará-lo-ás, no entanto, para melhor experiência e maior aprendizagem.

Não descures de iluminá-lo com as claridades do amor à verdade, ao bem e à justiça, em nome do Supremo Amor.

A carne gera a carne, mas o Espírito não produz o Espírito.

O filhinho que te chega é compromisso para a tua existência.

Não o temas, nunca.

Não o ofendas com a falsa valorização dele, em demasia.

Recorda-lhe a humildade, considerando a procedência de todos nós e o lugar comum do barro orgânico...

...E orienta-o dignamente, sem cessar.

***

Aquele olhar esgazeado, acompanhado por lábios em rictos de loucura, punhos cerrados, não pode ser do filhinho que acalentaste e mantiveste no calor do afeto, noites e dias a fio! – meditas.

Como pôde transfigurar-se em sicário cruel, em infortunado algoz? – interrogas, contemplando-o, com a alma estrangulada e muda.

Que foi feito do bebê querido que te osculava as mãos e a face, cantarolando melodias que ainda musicam os teus ouvidos?

Todo ele parece revel. Por quê? – perguntas.

Somos todos viandantes de inumeráveis excursões pela carne.

Erramos e solicitamos oportunidade para a reparação; acumpliciamo-nos com a criminalidade e rogamos libertação; nascemos e renascemos, começando ou recomeçando em longa experiência.

Verdugos e amigos que nos cercam, que chegam através de nós próprios, são dadivosas concessões de que necessitamos. Ajamos junto a eles com ponderação, valorizando o empréstimo da Lei.

Não te enganes, portanto.

Se arde no imo do teu Espírito a flama do ideal espírita, prepara a tua família para a fé consoladora e ilumina-a. Esparze as lições reencarnacionistas com lucidez e bondade. Utiliza a terapêutica do passe, da água magnetizada e faze luzir a palavra de Jesus no reduto doméstico.

Se os teus filhos, depois, empanzinados pela falsa cultura ou fascinados pelos ouropéis te rechaçarem as lições, esbordoando, ingratos, a tua face, terás cumprido com o teu dever e, em silêncio, deixa-os seguirem: possivelmente eles serão pais também, hoje ou mais tarde...

Os filhos são bênçãos que te chegam – alguns, gemas brutas para lapidação –; faze tua parte e prossegue tranquilo na direção do futuro e de Deus, o Excelso Pai de todos nós.[1]

Joanna de Ângelis

---

[1] Para quem pretender se aprofundar no estudo do tema, sugerimos *O Livro dos Espíritos*, capítulo IV, *Parecenças físicas e morais*, e, como leitura complementar, *O Evangelho segundo o Espiritismo*, capítulo IX, *A cólera* (Itens 9 e 10) (nota da Editora).

18
Limitação de filhos

O problema da planificação familiar, antes de maiores cogitações, deve merecer, dos cônjuges, mais profundas análises e reflexões.

Pela forma simplista como alguns o apresentam, a desordenada utilização de métodos anticonceptivos interfere, negativamente, na economia moral da própria família.

Na situação atual, os pais dotados de recursos econômicos, menos procriam, em considerando as disponibilidades que possuem, enquanto os destituídos de posses aumentam a prole, tornando muito mais complexas e difíceis as engrenagens do mecanismo social. Os filhos são programados na esfera extrafísica da vida, tendo-se em vista as injunções crédito-débito, defluentes das reencarnações passadas.

Normalmente, antes do mergulho no corpo carnal, o Espírito reencarnante estabelece intercâmbio com os futuros genitores, de cujo concurso necessitam para o cometimento a empreender.

Os filhos não chegados pela via normal, não obstante, alcançarão a casa dos sentimentos negados, utilizando-se dos sutis recursos da vida, que reaproximam os afins pelo amor ou pela rebeldia quando separados, para as justas reparações.

Chegarão a outros tetos, mas dali sairão atraídos pelas necessidades propelentes ao encontro da família que lhes é própria, nem sempre forrados em objetivos relevantes...

***

Alguém que te chega, perturbando a paz...
Outrem que te rouba pertences e sossego...
O ser que te sobrecarrega de dissabores...
Aquele que de fora desarmoniza a tua família...
O vadio que te adentra o lar...
O viciado que corrompe quem te é caro...
O aliciador que chega de longe e infelicita o filho ou a filha que amas...
Todos eles estão vinculados a ti.

Quiçá houvessem renascido sob o teu teto e as circunstâncias impediriam dramas maiores.

Antes de aderires ao entusiasmo reinante para a limitação da prole, reparte com o outro cônjuge as tuas preocupações, discute o problema à luz da reencarnação.

Evita engajar-te na moda, só porque as opiniões gerais são favoráveis à medida.

Não o faças, simplesmente, considerando os fatores econômicos, os da superpopulação...

O Senhor dispõe de recursos inimagináveis.

Confia a Ele as tuas dificuldades e entrega-te consciente, devotadamente.

Seja qual for a opção que escolhas – ter mais ou menos filhos –, os que se encontram na pauta das tuas necessidades chegar-te-ão, hoje ou mais tarde.

Sendo possível, acolhe-os da melhor maneira, porquanto, conforme os receberes, ser-te-ão amigos generosos ou rudes adversários dos quais não te libertarás facilmente.

Joanna de Ângelis

19
PERSONALIDADES PARASITAS

Na psicopatologia das personalidades múltiplas ou anômalas não podemos descartar a realidade espiritual do próprio paciente. Espírito eterno, herdeiro das ações transatas, ei-lo que marcha mediante as etapas reencarnacionistas, acumulando experiências e somatizando problemas que, a contributo do amor – na realização edificante ou na dor, expungindo delitos – alcança a plenitude da sua realidade: a destinação feliz para a qual foi criado!

Evidentemente, os conflitos e traumas da infância, que dão origem às personificações parasitárias, são de relevância em tal problemática. Mesmo aí defrontamos, no lar difícil, nas agressões da família, nos vários distúrbios domésticos, a mão da justiça infalível estabelecendo os mecanismos corretivos para o infrator libertar-se dos débitos, sob a injunção de fugas espetaculares, as quais dão surgimento às *construções* de variantes personagens que assomam do inconsciente, em processos de defesa do ser frágil e tímido, aflito e receoso...

Bem sabemos que as agressões da brutalidade contra a criança, da violência sexual, do temor sistemático, geram conflitos e aspirações libertáveis que, na impossibilidade de agir com a energia própria, dão nascimento a Entidades que assomam, dominando o inconsciente e realizando-se, além das conjunturas impiedosas dessas frustrações de impotência moral, social, econômica ou psíquica.

A criança é mais do que um ser em formação. Trata-se de um universo individualizado, um somatório de valores que aos pais e educadores cabe penetrar para bem desenvolver e conduzir.

O pavor que se lhe insufla, o desamor de que se sente objeto, as ofensas não digeridas que sempre lhe são atiradas como calhaus e chuvas de humilhação, terminam por produzir tormentos asfixiantes, dando gênese aos *seres* que a dominarão ao largo dos tempos, tornando-a venal, fingida ou igualmente violenta, rebelde, desagregada...

Somente o amor possui os ingredientes de correção destes equipamentos do inconsciente, geradores dos distúrbios alienadores da pessoa.

A terapia especializada, ao longo dos anos, consegue reintegrar as diversas personificações na identidade do *eu* consciente, libertando o paciente da perturbadora situação.

Vezes, porém, ocorrem, nas quais, além das personificações construídas pelo inconsciente, predominam Entidades conscientes de outra dimensão, que obsidiam e atormentam aqueles a quem odeiam ou supõem lhes devam compreensão e amor.

A psicoterapia dos passes, da renovação moral do paciente e do esclarecimento da personalidade subjugadora consegue liberar a vítima, que deverá passar a envidar esforços para conquistar um elenco de recursos morais, nos quais estejam luzindo a caridade e a compaixão.

A obsessão sutil e perigosa grassa dominadora e, na área das enfermidades mentais de todo porte, o doente é sempre o réu na consciência culpada, reparando os gravames das vidas passadas e erigindo a sua realidade moral, com a qual o pensamento e a ação se conjugam para a elevação e a saúde real, que somente são possíveis através da consciência asserenada, sem culpa nem rebeldia.

Manoel Philomeno de Miranda

20
Alienação infantojuvenil e educação

O surto das alienações mentais infantojuvenis, num crescendo assustador, deve reunir-nos todos em torno do problema urgente, a fim de que sejam tomadas providências saneadoras dessa cruel pandemia.

Nas sórdidas favelas, onde os fatores criminógenos se desenvolvem com facilidade e morbidez; nos agrupamentos escolares, nos quais enxameiam os problemas de relacionamento sem ética, sem estruturação moral; nas famílias em desagregação por distonias emocionais dos pais, egoístas e arbitrários; nas ruas e praças desportivas, em razão da indiferença dos adultos e dos exemplos perniciosos por eles praticados, as drogas, o sexo, a violência induzem crianças e jovens ao martírio da alienação mental e do suicídio.

Desamados, quanto indesejados, passam pelas avenidas do mundo esses seres desamparados, objeto de promoção de homens ambiciosos e sem escrúpulos, que deles fazem bandeira de autopromoção e sensibilização das massas, esquecendo-os logo depois de atingidas as metas que perseguem.

Pululam, também, essas vítimas das atuais desvairadas cultura e tecnologia, nos lares ricos e confortáveis de onde o amor se evadiu, substituído pela indiferença e permissividade com que compensam o dever, enganando a floração infantil que emurchece com as terríveis decepções antes do tempo.

Ao lado de todos esses fatores psicossociais, econômicos e morais, destacam-se os espirituais, que decorrem dos vínculos reencarnacionistas que imanam esses Espíritos em recomeço àqueloutros que lhes sofreram danos, prejuízos e acerbas aflições pretéritas, de que não se liberaram.

As disciplinas que estudam a psique, seguramente, penetram na anterioridade do ser ao berço, identificando, na reencarnação, os mecanismos desencadeadores das alienações, seja através dos processos orgânicos e psíquicos ou mediante os conúbios obsessivos.

A obsessão irrompe em toda parte, na condição de chaga aberta no organismo social, convidando as mentes humanas à reflexão.

Desatentos e irrequietos, os homens avançam sem rumo, distanciados ainda de responsabilidades e valores morais.

Urge que a educação assuma o seu papel no organismo social da Terra sofrida destes dias. Educação, porém, no seu sentido profundo, integral, de conhecimento, experiência, hábitos e fé racional. Estruturando o homem nos seus equipamentos de Espírito, perispírito e corpo, nele fixando os valores éticos de cuja utilização se enriqueça, conscientizando-se da sua realidade externa e vivendo de forma consentânea com as finalidades da existência terrena, que o levará de retorno à Pátria de origem em clima de paz.

Não se pode lograr êxito, na área da saúde mental como na da felicidade humana, utilizando-se um comportamento que estuda os efeitos sem remontar às causas, erradicando-as em definitivo. Para tanto, é fundamental que o lar se transforme num santuário e a escola dê prosseguimento nobre à estrutura familiar, preparando o educando para a vida social.

Herdeiros de guerras cruéis, remotas e recentes, de crimes contra a Humanidade e o indivíduo, os reencarnantes atuais estão atados a penosas dívidas, que o amor e o Evangelho devem resgatar, alterando o comportamento da família e da sociedade, assim poupando o futuro de danos inimagináveis.

Tarefa superior, a da educação consciente e responsável!

Nesse sentido, o conhecimento do Espiritismo, que leva o homem a uma vivência coerente com a dignidade, é a terapia preventiva como curadora para os males que ora afligem a quase todos e, em especial, estiolando a vida infantojuvenil que surge, risonha, sendo jogada nas tribulações e misérias para as quais ainda não se encontra preparada, nem tem condições de compreender, assumindo, antes do tempo, comportamentos adultos, alucinados e infelizes.

Voltemo-nos para a infância e a juventude e leguemos-lhes segurança moral e amor, mediante os exemplos de equilíbrio e de paz, indispensáveis à felicidade deles e de todos nós, herdeiros que somos das próprias ações.

Benedita Fernandes

21
CAMPANHAS

Sob os acordes maviosos da mensagem espírita que entesouras na mente, despertas, por fim, para a vida, desejando promover campanhas de enobrecimento.

Para tanto, começa na intimidade do lar, exercitando desapego e renunciação.

Se o fizeres, transferirás do largo campo do planejamento o ideal que acalentas para as rudes e valiosas experiências da ação, cultivando o bem em todas as latitudes.

Remove, inicialmente, de velhas gavetas objetos que constituem excessos, e das cômodas antigas retira tecidos e roupas usadas a se gastarem na inutilidade, oferecendo-lhes melhor aplicação.

Objetos mortos, que conservam valores de duvidosa expressão, catalogados como "de estimação" se transformariam em pães e socorro para quantos sofrem ao lado da tua indiferença.

Alfaias e baixelas cinzeladas, recordando antepassados queridos, poderiam tornar-se luz e esperança para aqueles que espreitam além da porta do teu domicílio.

Desapega-te hoje dos haveres, antes que se consumam amanhã, expressando coerência com as aspirações que vitalizas.

No entanto, se desejares traduzir melhor os sentimentos que atestam as tuas novas concepções através das campanhas que movimentas, faze mais.

Leva adiante, a outrem, não somente o tecido surrado e gasto, mas também o novo, para que a tua dádiva signifique mais do que transferência do desvalor.

Não apenas aquilo que não serve.

Em verdade é nosso tudo quanto oferecemos.

O que damos, possuímos, por demorar-se indestrutível dentro de nós.

E como os pertences, de que somos somente mordomos transitórios, mudam de mãos ao impositivo do tempo e da morte, distribuamos aquilo que supomos possuir a fim de que possuamos realmente.

***

Amplia tuas campanhas, cedendo quando uma contenda negativa te ameace o equilíbrio.

Esquece, quando ferido, sob apupos e ofensas.

Doa as difíceis moedas da gentileza.

E além das doações ao próximo, faze ofertas a ti mesmo.

Inicia a luta contra o egoísmo – velha roupa inútil que conservas no lar do orgulho.

Faze a campanha sistemática contra a maledicência – veneno sutil que dissemina morte, e guardas nos vasos brilhantes da vaidade.

Reage ao ciúme – companheiro míope da imperfeição que manténs disfarçada.

Exila a ira – ácido perigoso que carregas em vasilhames trabalhados.

Investe contra a vaidade própria – rainha da ilusão que ocultas jovialmente.

Concede ao próprio Espírito a luz do discernimento capaz de clarear-te por dentro, favorecendo-te com a limpeza dos antigos escaninhos onde viviam colônias de malfeitores morais.

Muitos homens fascinados pelo ardor do entusiasmo se despojam de haveres temporários, passando adiante utilidades e especiarias, mas são incapazes de descer dos altos postos onde situaram a personalidade desvairada, para que se façam mais simples, mais nobres e melhores.

Empenhado nas salutares campanhas do auxílio ao teu próximo, ajuda-te a ti mesmo, imprimindo internamente a mensagem de sabor imortal com que os Espíritos da Luz te convidam de além das sombras da morte, para que singres o oceano da carne livre e tranquilo como quem, nada mais possuindo, se tornou valiosa posse nas mãos do Nosso Pai Celestial.

Joanna de Ângelis

22
NECESSIDADE DE EVOLUÇÃO

EDUCAÇÃO – FONTE DE BÊNÇÃO

As tendências, que promanam do passado em forma de inclinações e desejos, se transformam em hábitos salutares ou prejudiciais quando não encontram a vigilância e os mecanismos da educação pautando os métodos de disciplina e correção. Sob a impulsão do atavismo que se prende nas faixas primevas, das quais a longo esforço o Espírito empreende a marcha da libertação, os impulsos violentos e a comodidade que não se interessa pelos esforços de aprimoramento moral amolentam a individualidade, ressurgindo como falhas graves da personalidade.

As constrições da vida, que se manifestam de vária forma, conduzem o aspirante evolutivo à trilha correta por onde, seguindo-a, mais fácil se lhe torna o acesso aos objetivos a que se destina. Nesse desiderato, a educação exerce um papel preponderante, porque faculta os meios para uma melhor identificação de valores e seleção deles, lapidando as arestas embrutecidas do eu, desenvolvendo as aptidões em germe e guiando com segurança, mediante os processos de fixação e aprendizagem, que formam o caráter, insculpindo-se, por fim, na individualidade e externando-se como ações relevantes.

Remanescente do instinto em que se demorou por longos períodos de experiência e ainda mergulhado nas suas induções, o Espírito cresce, desembaraçando-se das teias de vigorosos impulsos em que se enreda para a conquista das aptidões com que se desenvolve.

Pessoa alguma consegue imunizar-se aos ditames da educação, boa ou má, conforme o meio social em que se encontra. Se não ouve a articulação oral da palavra, dispõe dos órgãos, porém, não fala; se não vê atitudes que facilitam a locomoção, a aquisição dos recursos para a sobrevivência, consegue, por instinto, a mobilização com dificuldade e o alimento sem a cocção; tende a retornar às experiências primitivas se não é socorrido pelos recursos preciosos da civilização, porque nele predominam, ainda, as imposições da natureza animal. Possui os reflexos, no entanto, não os sabe aplicar; desfruta da inteligência e, por falta de uso, já que se demora nas necessidades imediatas, não a desenvolve; frui das acuidades da razão e do discernimento, entretanto, se embrutece por ausência de exercícios que os aprofunde. Nele não passam de lampejos as manifestações espirituais superiores, se arrojado ao isolacionismo ou relegado às faixas em que se detêm os principiantes nas aquisições superiores...

Muito importante a missão da educação como ciência e arte da vida.

Encontrando-se ínsitas no Espírito as tendências, compete à educação a tarefa de desenvolver as que se apresentam positivas e corrigir as inclinações que induzem à queda moral, à repetição dos erros e das manifestações mais vis, que as conquistas da razão ensinaram a superar.

A própria vida facultou ao Espírito, em longos milênios de observação, averiguar o que é de melhor ou pior para si mesmo, auxiliando-o no estabelecimento de um quadro de valores, de que se pode utilizar para a tranquilidade interior. Trazendo, do intervalo que medeia entre uma e outra reencarnação, reminiscências, embora inconvenientes, do que haja sucedido, elege os recursos com que se pode realizar melhormente, ao mesmo tempo impedindo-se deslizes e quedas nos subterrâneos da aflição. Outrossim, inspirado pelos Espíritos promotores do progresso no mundo, assimila as ideias envolventes e confortadoras, entregando-se ao labor do autoaprimoramento.

O rio corre e cresce conforme as condições do leito.

A plântula se esgueira e segue a direção da luz.

A obra se levanta consoante o desejo do autor.

Em tudo e toda parte predominam leis sutis e imperiosas que estabelecem o como, o quando e o onde devem ocorrer as determinações divinas. Rebelar-se contra elas é o mesmo que atrasar-se na dor espontaneamente, contribuindo duplamente para a realização que conquistaria com um só esforço.

A tarefa da educação deve começar de dentro para fora e não somente nos comportamentos da moral social, da aparência, produzindo efeitos poderosos, de profundidade.

Enquanto o homem não pensar com equidade e nobreza, os seus atos se assentarão em bases falsas, se deseja estruturá-los nos superiores valores éticos, porquanto se tornam de pequena monta e de fraca duração. Somente pensando com correção, pode organizar programas comportamentais superiores aos quais se submete consciente, prazerosamente. Não aspirando à paz e à felicidade por ignorar-lhe o de que se constituem, impraticável lecionar-lhes sobre tais valores. Só, então, mediante o paralelismo da luz e da treva, da saúde e da enfermidade, da alegria e da tristeza poder-se-ão ministrar-lhe as vantagens das primeiras em relação às segundas... Longo tempo transcorre para que os serviços de educação se façam visíveis, e difícil trabalho se impõe, particularmente, quando o mister não se restringe ao verniz social, à transmissão de conhecimentos, às atitudes formais, sem a integração nos deveres conscientemente aceitos.

Por educar, entenda-se, também, a técnica de disciplinar o pensamento e a vontade, a fim de o educando penetrar-se de realizações que desdobrem as inatas manifestações da natureza animal, adormecidas, dilatando o campo íntimo para as conquistas mais nobres do sentimento e da psique.

Nas diversas faixas etárias da aprendizagem humana, em que o ser *aprende, apreende e compreende*, a educação produz os seus efeitos especiais, porquanto, através dos processos persuasivos, libera o ser das condições precárias, armando-o de recursos que resultam em benefícios que não pode ignorar.

A reencarnação, sem dúvida, é valioso método educativo de que se utiliza a vida, a fim de propiciar os meios de crescimento, desenvolvimento de aptidões e sabedoria ao Espírito que engatinha no rumo da sua finalidade grandiosa.

Como criatura nenhuma se realiza em isolacionismo, a sociedade se torna, como a própria pessoa, educadora por excelência, em razão de propiciar exemplos que se fazem automaticamente imitados, impregnando aqueles que lhes sofrem a influência imediata ou mediatamente. No contexto da convivência, pelo instinto da imitação, absorvem-se os comportamentos, as atitudes e as reações, aspirando-se a psicosfera ambiente, que produz também sua quota importante no desempenho das realizações individuais e coletivas.

Como se assevera, com reservas, que o homem é fruto do meio onde vive, convém se não esquecer de que o homem é o elemento formador do meio, competindo-lhe modificar as estruturas do ambiente em que vive e elaborar fatores atraentes e favoráveis onde se encontre colocado a viver. Não sendo infenso aos contágios sociais, não é, igualmente, inerme a eles, senão quando lhe compraz, desde que reage aos fatores dignificantes a que não está acostumado, se não deseja a estes ajustar-se.

Além do ensino puro e simples dos valores pedagógicos, a educação deve esclarecer os benefícios que resultam da aprendizagem, da fixação dos seus implementos culturais, morais e espirituais. Por isso, e sobretudo, a tarefa da educação há que ser moralizadora, a fim de promover o homem não apenas no meio social, antes o preparando para a sociedade essencial, que é aquela preexistente ao berço donde ele veio e sobrevivente ao túmulo para onde se dirige.

Nesse sentido, o Evangelho é, quiçá, dos mais respeitáveis repositórios metodológicos de educação e da maior expressão de filosofia educacional. Não se limitando os seus ensinos a um breve período da vida e sim lhe prevendo a totalidade, propõe uma dieta comportamental sem os pieguismos nem os rigores exagerados que defluem do próprio conteúdo do ensino.

Não raro, os textos evangélicos propõem a conduta e elucidam o porquê da propositura, seus efeitos, suas razões. Em voz imperativa, suas advertências culminam em consolação, conforto, que expressam os objetivos que todos colimam.

—"*Vinde a mim*", – assentiu Jesus –, porque eu "*Sou o Caminho, a Verdade e a Vida*", não delegando a outrem a tarefa de viver o ensino, mas a si mesmo se impondo o impostergável dever de testemunhar a excelência das lições por meio de comprovados feitos.

Sintetizou em todos os passos e ensinamentos a função dupla de Mestre – educador e pedagogo –, aquele que permeia pelo comportamento, dando vitalidade à técnica de que se utiliza, na mais eficiente metodologia, que é a da vivência.

Quando os mecanismos da educação falecem, não permanece o aprendiz da vida sem o concurso da evolução, que lhe surge como dispositivo de dor, emulando-o ao crescimento com que se libertará da situação conflitante, afligente, corrigindo-o e facultando-lhe adquirir as experiências mais elevadas.

A dor, em qualquer situação, jamais funciona como punição, porquanto sua finalidade não é punitiva, porém educativa, corretora. Qualquer esforço impõe o contributo do sacrifício, da vontade disciplinada ou não, que se exterioriza em forma de sofrimento, mal-estar, desagrado, porque o aprendiz, simplesmente, se recusa a considerar de maneira diversa a contribuição que deve expender a benefício próprio.

Nenhuma conquista pode ser lograda sem o correspondente trabalho que a torna valiosa ou inexpressiva. Quando se recebem títulos ou moedas, rendas ou posição sem a experiência árdua de consegui-los, estes empalidecem, não raro, convertendo-se em algemas pesadas, estímulos à indolência, convites ao prazer exacerbado, situações arbitrárias pelo abuso da fortuna e do poder.

Imprescindíveis em qualquer cometimento, portanto, o exame da situação e a avaliação das possibilidades pessoais.

Sendo a Terra a abençoada escola das almas, é indispensável que aqui mesmo se lapidem as arestas da personalidade, se corrijam os desajustamentos, se exercitem os dispositivos do dever e se predisponham os Espíritos ao superior crescimento, de modo a serem superadas as paixões perturbadoras que impelem para baixo, ao invés daquelas ardentes pelos ideais libertadores, que acionam e conduzem para cima.

Os hábitos que se arraigam no corpo, procedentes do Espírito com lampejos e condicionamentos, retornam e se fixam como necessidades, sejam de qual expressão for, constituindo uma outra natureza nos refolhos do ser, a responder como liberdade ou escravidão, de acordo com a qualidade intrínseca de que se constituem.

A morte, desvestindo a alma das roupas carnais, não lhe produz um expurgo das qualidades íntimas, antes lhe impõe maior necessidade de exteriorizá-las, liberando forças que levam a processos de vinculações com outras que lhes sejam equivalentes. Na Terra, isto funciona em forma de complexos mecanismos de simpatia e antipatia, em afinidades que, no Além-túmulo, porque sincronizam na mesma faixa de aspiração e se movimentam na esfera de especificidade vibratória, reúnem os que se identificam no clima mental de hábitos e aptidões que lhes são próprios.

Nunca se deve transferir para mais tarde o mister de educar-se, corrigir-se ou educar e corrigir. O que agora não se faça, neste particular, ressurgirá complicado, em posição diversa, com agravantes de mais difícil remoção.

Pedagogos eminentes, os Espíritos Superiores ensinam as regras de bom comportamento aos homens, como educadores que exemplificam depois de haverem passado pelas mesmas faixas de sombra, ignorância e dor, de que já se libertaram.

Imperioso, portanto, conforme propôs Jesus, que se faça a paz com o "*adversário enquanto se está no caminho com ele*", de vez que, amanhã, talvez seja muito tarde e bem mais difícil alcançá-lo.

O mesmo axioma se pode aplicar à tarefa da educação: agora, enquanto é possível, moldar-se o *eu*, antes que os hábitos e as acomodações perniciosas impeçam a tomada de posição, que é o passo inicial para o deslanchar sem reversão.

Educação, pois, da mente, do corpo, da alma, como processo de adaptação aos superiores degraus da vida espiritual para onde se segue.

A educação, disciplinando e enriquecendo de preciosos recursos o ser, alça-o à vida, tranquilo e ditoso, sem ligações com as regiões inferiores donde procede. Fascinado pelo tropismo da verdade que é sabedoria e amor, após as injunções iniciais, mais fácil se lhe torna ascender, adquirir a felicidade.

Joanna de Ângelis

23
Deveres dos filhos

Toda a gratidão nem sequer retribuirá a fortuna da oportunidade fruída através do renascimento carnal.

O carinho e o respeito contínuos não representarão oferenda compatível com a amorosa assistência recebida desde antes do berço.

A delicadeza e a afeição não corresponderão à grandeza dos gestos de sacrifício e da abnegação demoradamente recebidos...

Os filhos têm deveres intransferíveis para com os pais, instrumentos de Deus para o trâmite da experiência carnal, mediante a qual o Espírito adquire patrimônios superiores, resgata insucessos e comprometimentos perturbadores.

***

Existem genitores que apenas procriam, fugindo à responsabilidade.

Não compete, porém, aos filhos julgá-los com severidade, desde que não são dotados da necessária lucidez e correção para esse fim.

Se fracassaram no sagrado ministério, não se furtarão à consciência, em forma da presença da culpa neles gravada.

Auxiliá-los por todos os meios ao alcance é mister indeclinável, que o filho deve ofertar com extremos de devotamento e renúncias.

A ingratidão dos filhos para com os pais é dos mais graves enganos a que se pode permitir o Espírito na sua marcha ascensional.

A irresponsabilidade dos progenitores de forma alguma justifica a falência dos deveres morais por parte da prole.

Ninguém se vincula a outrem através dos vigorosos liames do corpo somático, da família, sem justas, ponderosas razões.

Desincumbir-se das tarefas relevantes que o amor e o reconhecimento impõem – eis o impositivo que ninguém pode julgar lícito postergar.

***

Ama e respeita em teus genitores a humana manifestação da paternidade divina.

Quando fortes, sê-lhes a companhia e a jovialidade; quando fracos, a proteção e o socorro.

Enquanto sadios, presenteia-os com a alegria e a consideração; se enfermos, com a assistência dedicada e a sustentação preciosa.

Em qualquer situação ou circunstância, na maturidade ou na velhice, afeiçoa-te àqueles que te ofertaram o corpo de que te serves para os cometimentos da evolução, como o mínimo que podes dispensar-lhes, expressando o dever de que te encontras investido.

Joanna de Ângelis

24
FILHO DEFICIENTE

A decepção passou a ser-te um ferrete em brasa, dilacerando sem cessar os teus sentimentos.
Todos os planos ficaram desfeitos, quando esperavas entesourar felicidade e vitória.

No suceder dos dias, desde os primeiros sinais, anelaste por um ser querido que chegaria aos teus braços com os louros e a predestinação da grandeza em relação ao futuro.

O pequeno príncipe deveria trazer no corpo, na mente, na vida, as características da raça pura, grandioso no porte, lúcido na inteligência, triunfador nas realizações.

O que agora contemplas não é o filho desejado, mas um feio espécime, mutilado, enfermo, frágil...

Mal acreditas que se haja gerado por teu intermédio, que seja teu filho.

Por pouco não o detestas.

Mal te recobras do choque e da vergonha que experimentas quando os amigos o veem, quando sabem que é teu descendente.

Surda revolta assenhoreia-se da tua alma e, a pouco e pouco, a amargura ganha campo no teu coração.

Reconsidera, porém, quanto antes, atitudes e posições mentais.

Não podes arbitrar com segurança no jogo dos insondáveis sucessos da reencarnação.

Para a reflexionar e submete-te à injunção redentora.

A tua frustração decorre do orgulho ferido, do desamor que cultivas.

Teu filho deficiente necessita de ti. Tu, porém, mais necessitas dele.

***

Quem agora te chega ao regaço com deficiência e limitação, recupera-se no cárcere corporal das arbitrariedades que perpetrou.

Déspota ou rebelde, caiu nas ciladas que deixou pela senda, onde fez que outros sucumbissem.

Mordomo da existência passada, abusou dos dons da vida com estroinice e perversidade, ferindo e terminando por ferir-se.

Não cometeu, todavia, tais desatinos a sós.

Quando alguém cai, sempre existe outrem oculto ou ostensivo que o leva ao tombo.

O êxito como o insucesso sempre se faz de parceria.

Muitos responsáveis intelectuais de realizações nobres, como de crimes espetaculares, permanecem não identificados.

E são os autores reais, que se utilizam dos chamados ignorantes úteis para esses cometimentos.

O filho marcado que resulta do teu corpo é alma vitimada pela tua alma, não duvides.

Não é este o primeiro tentame que realizam juntos.

Saindo do fracasso transato, ambos recomeçam abençoada experiência, cujo êxito podes promover desde já.

Renteia com ele na limitação e aumenta-lhe, mediante o amor dinâmico, a capacidade atrofiada.

Sê-lhe o que lhe falta.

Da convivência nascerá a interdependência recíproca.

No labor com ele, amá-lo-ás.

Infatigavelmente renova os quadros mentais e por enquanto desce ao solo da realidade, fora das ilusões mentirosas, a fim de seres, também, feliz.

***

Honra-te com o filhinho dependente e mais te aproxima dele, cada vez.

A carne gera a carne, mas os atos pretéritos do Espírito produzem a forma para a residência orgânica.

As asas de anjo do apóstolo, como os pés de barro de quem amas, precedem à atual injunção fisiológica.

***

Se te repousa no berço de sonhos desfeitos um filhinho deformado, amputado, dementado, deficiente de qualquer natureza, esquece-lhe a aparência e assiste-o com amor.

Não te chega ao trono dos sentimentos por acaso.

Antigo companheiro vencido, suplica ajuda ao desertor, só agora alcançado pela divina legislação.

Dá-lhe ternura, canta-lhe um poema de esperança, ajuda-o.

O filho deficiente no teu lar significa a tua oportunidade de triunfo e a ensancha que ele te roga para alcançar a felicidade.

Seria terrivelmente criminoso negar-lhe, por vaidade ferida, o amparo que te pede, quando te concede a bênção do ensejo para a tua reparação em relação a ele.

Joanna de Ângelis

25
FILHOS INGRATOS

A ingratidão – chaga pestífera que um dia há de desaparecer da Terra – tem suas nascentes no egoísmo, que é o remanescente mais vil da natureza animal, lamentavelmente persistindo na Humanidade.

A ingratidão, sob qualquer forma considerada, expressa o primarismo espiritual de quem a carrega, produzindo incoercível mal-estar onde se apresenta.

O ingrato, isto é, aquele que retribui o bem pelo mal, a generosidade pela avareza, a simpatia pela aversão, o acolhimento pela repulsa, a bondade pela soberba é sempre um atormentado que esparze insatisfação, martirizando quantos o acolhem e socorrem.

O homem vitimado pela ingratidão supõe tudo merecer e nada retribuir, falsamente acreditando ser credor de deveres do próximo para consigo, sem qualquer compensação de sua parte.

Estulto, desdenha os benefícios recolhidos a fim de exigir novas contribuições que a própria insânia desconsidera. É arrogante e mesquinho porque padece atrofia dos sentimentos, transitando nas faixas da semiconsciência e da irresponsabilidade.

Sendo a ingratidão, no seu sentido genérico, detestável nódoa moral, a dos filhos para com os pais assume proporções relevantes, desde que colima hediondo ato de rebeldia contra a Criação Divina.

O filho ingrato é dilacerador do coração dos pais, ímpio verdugo que se não comove com as doloridas lágrimas maternas, nem com as angústias somadas e penosas do sentimento paterno.

Com a desagregação da família, que se observa generalizada na atualidade, a ingratidão dos filhos torna-se responsável pela presença de vários cânceres morais, no combalido organismo social, cuja terapia se apresenta complexa e difícil.

Sem dúvida, muitos pais, despreparados para o ministério que defrontam em relação à prole, cometem erros graves, que influem consideravelmente no comportamento dos filhos que, a seu turno, logo podem, se rebelam contra estes, crucificando-os nas traves ásperas da ingratidão, da rebeldia e da agressividade contínua, culminando, não raro, em cenas de pugilato e vergonha.

Muitos progenitores, igualmente, imaturos ou versáteis, que transitam no corpo açulados pelo tormento de prazeres incessantes – que os fazem esquecer as responsabilidades junto aos filhos para os entregarem aos servos remunerados, enquanto se corrompem na leviandade –, respondem pelo desequilíbrio e desajuste da prole, na desenfreada competição da utópica e moderna sociedade.

Todavia, filhos há que receberam dos genitores as mais prolíferas demonstrações e testemunhos de sacrifício e carinho, aspirando a um clima de paz, de saúde moral, de equilíbrio doméstico, nutridos pelo amor sem fraude e pela abnegação sem fingimentos e revelam-se, de cedo, frios, exigentes e ingratos.

Se diante de pais irresponsáveis a ingratidão dos filhos jamais se justifica ou procede, a proporcionada por aqueles que tudo recebem e tudo negam, somente encontra explicação na reminiscência dos desajustes pretéritos dos Espíritos que, não obstante reunidos outra vez para recuperar-se, avivam as animosidades que ressumam do inconsciente e se corporificam em forma de antipatia e aversão, impelindo-os à ingratidão que os atira às rampas inditosas do ódio dissolvente.

A família é abençoada escola de educação moral e espiritual, oficina santificante onde se lapidam caracteres, laboratório superior em que se caldeiam sentimentos, estruturam aspirações, refinam ideais, transformam mazelas antigas em possibilidades preciosas para a elaboração de misteres edificantes.

O lar, em razão disso, mesmo quando assinalado pelas dores decorrentes do aprimorar das arestas dos que o constituem, é forja purificadora onde se devem trabalhar as bases seguras da Humanidade de todos os tempos.

Quando o lar se estiola e a família se desorganiza, a sociedade combale e estertora.

De nobre significação, a família não são apenas os que se amam, através dos vínculos da consanguinidade, mas, também, da tolerância e solidariedade que devem doar os equilibrados e afáveis aos que constituem os elos fracos, perturbadores e em deperecimento no clã doméstico.

Aos pais cabem sempre os deveres impostergáveis de amar e entender até o sacrifício os filhos que lhes chegam pelas vias sacrossantas da reencarnação, educando-os e depondo-lhes nas almas as sementes férteis da fé, das responsabilidades, instruindo-os e neles inculcando a necessidade da busca da elevação e felicidade. O que decorra serão consequências do estado moral de cada um, que lhes não cabem prever, recear ou sofrer por antecipação pessimista.

Aos filhos compete amar aos pais, mesmo quando negligentes ou irresponsáveis, porquanto é do Código Superior da Vida, o impositivo: "Honrar pai e mãe", sem excluir os que o são apenas por função biológica, assim mesmo, por cujo intermédio a Excelsa Sabedoria programa necessárias provas redentoras e pungitivas expiações liberativas.

Ante o filho ingrato, seja qual for a situação em que se encontre, guarda piedade para com ele e dá-lhe mais amor...

Agressivo e calceta, exigente e impiedoso, transformado em inimigo insensível quão odioso, oferta, ainda, paciência e mais amor...

Se te falarem sobre recalques que ele traz da infância, em complexos que procedem desta ou daquela circunstância, em efeito da libido tormentosa com que os simplistas e descuidados pretendem escusá-lo, culpando-te, recorda, em silêncio, de que o Espírito precede ao berço, trazendo gravados nas tecelagens sutis da própria estrutura gravames e conquistas, elevação e delinquência, podendo, então, melhor compreendê-lo, mais ajudá-lo, desculpá-lo com eficiência e socorrê-lo com probidade, prosseguindo com a família inditosa e os filhos ingratos, resgatando pelo sofrimento e amor os teus próprios erros, até o dia em que, redimido, possas reorganizar o lar feliz a que aspiras.

Joanna de Ângelis

26
MÃE ADOTIVA

A mente repassa os acontecimentos felizes da nossa vida, e envolvo em ternura a memória da nossa convivência.

Esta mulher extraordinária, de quem me recordo, fez tudo quanto o amor poderia lograr, a fim de amparar-me, ocultando a minha procedência obscura e anônima.

Cercou-me de carinho e protegeu-me, para que nada me afetasse.

Insuflou-me a força do seu devotamento, que era o hálito poderoso do seu amor, em emoção carregada de bênçãos no verbete sublime que é: *mamãe!*

Jamais me deixou perceber as lágrimas que vertera antes de eu chegar e sempre me demonstrou a felicidade que a minha presença lhe causava.

No entanto, na sua inocência, pensava que todas as pessoas seriam benignas e gentis quanto ela sempre o foi.

Assim, não demorou muito para que, em plena adolescência, o seu segredo me fosse desvelado de maneira cruel, por meio de um coração leviano que, pensando que nos iria destruir, chamou-me de *filha de ninguém.*

Abalada, quase tombei ante o golpe insano. Todavia, a transparência do seu olhar e a devoção do seu afeto fizeram-me silenciar o acontecimento no imo da alma.

Não me foi fácil, tampouco difícil enfrentar a nova circunstância e nessa conjuntura eu descobri, em júbilo, a grandeza do amor de mãe adotiva.

As outras, as mães carnais, às vezes são compelidas pelo corpo a amar os filhos que geram, mas você e todas as mães de adoção amam pelo espírito, elegendo quem lhes vai receber o devotamento, a dedicação.

... E não se tornam menos mães!

Sofrem mais, certamente.

Quando revelam ao filho as circunstâncias da sua origem, temem magoá-lo e, quando não o dizem, vivem sempre temendo perdê-lo, quando forem descobertas.

Seu querer é suave como a claridade lunar e forte como somente o amor abnegado pode tornar-se.

São anjos anônimos e abençoados na multidão.

Homenageando-a, mãezinha adotiva, desejo dizer a outras que lhe são iguais que, desde o dia em que pensem em receber um filho que lhes não proceda do seio, considerem, também, a necessidade de dizer-lhe, sem receio, demonstrando que o amor é Deus e d'Ele tudo procede, para Ele retornando, não sendo, pessoa alguma, propriedade de outrem, senão, todos filhos do Seu amor, nutridos pelo Amor, para a glória do Eterno Amor.

Amélia Rodrigues

27
Filhos alheios

Ei-lo, rude e soberbo, que te afronta, desrespeitoso e ingrato, exaurindo-te as reservas de ânimo e deixando-te em lamentável estado emocional.

Insensível aos teus apelos e indiferente às tuas colocações, apresenta-se marcado por fundos traumas dos quais não tens culpa, olhar desvairado, parecendo estar a um passo da loucura, amedrontando-te e inspirando-te a desistência do ideal educativo.

Tomando atitude vulgar, suas palavras são chulas ou brutais, passando, através do tempo, a desconsiderar-te, como se a tua fosse a tarefa de servi-lo e deixá-lo à vontade.

É gentil, quando estás de acordo com os seus desejos absurdos, anelando por uma vida ociosa e desprezível. Tão pronto lhe falas em dever, obrigações, rebela-se, resmunga, desobedece e ameaça.

Estás a ponto de o abandonar.

Indagas-te, muitas vezes, pela criança indefesa e necessitada que recebeste nos braços, requerendo-te ternura e amor... Através das recordações, revês o corpo frágil e enfermo que cuidaste e atendeste com esperanças de preparar um cidadão para o mundo, um homem para a sociedade!

Não pode ser o mesmo, este agressivo adversário, o menino que albergaste no coração.

***

Ali está a mocinha petulante e voluntariosa, exigente e inquieta.

Intoxicada por anseios de liberdade exagerada, extravasa amargura e faz-se revoltada por depender das tuas mãos vigorosas que a impedem, momentaneamente, de complicar-se, tombando no fosso de dores que lamentará mais tarde.

Astuta, pensa que te engana, traindo a tua confiança e fugindo ao maternal apoio que lhe dispensas, voluntariamente desconectando as engrenagens do equilíbrio.

Observando-a, menina-moça audaciosa, perguntas pela criança fraca que te chegou, há pouco, e a quem amaste com devotamento e carinho.

Parece que isso não pode acontecer contigo: receber urze após haver semeado flores e sorver fel na taça em que doaste linfa benfazeja! A realidade, porém, é mais forte do que os planos que acalentaste de felicidade, e temes não dispor de mais forças para continuar.

Filhos alheios são, também, filhos de Deus.

***

Perguntas-te se valeu o investimento dos teus melhores anos de vida, que lhes ofertaste, em face dos resultados que recolhes.

Toda a aplicação do bem, sempre retorna um dia.

Não te assustes nem temas ante os precipitados momentos da alucinação que toma conta da atualidade histórica.

Redobra a capacidade de amor e não te desapontes.

***

Se o rebelde fora teu filho ou tua filha, isto é, se nascido do teu corpo, como procederias?

Deixá-lo-ias ao abandono, porque é doente moral e se encontra em crise emocional?

Pergunta às mães sacrificadas, que não desistem nem abandonam os filhos, e elas nublarão de lágrimas os olhos, informando-te que, assim mesmo, os amam e porfiarão até o fim.

Pensas que ainda podes gozar uma vida melhor, livre de problemas e de tais inquietações.

Onde, porém, essa paisagem de lazer e paz na Terra?

Se não recebes o retributo do bem próximo que fizeste, é porque te estão chegando os efeitos do mal que realizaste antes.

Chegará a vez da colheita da paz, cuja semente de amor depuseste no solo dos corações da carne alheia, que aceitaste como tua oportunidade de redenção.

***

A criança risonha cresce, e sua face, às vezes, se altera e deforma.

O futuro, no entanto, trabalha-la-á de modo a despertá-la para o certo e o verdadeiro sentido da vida.

Nunca te arrependas do amor que doaste a alguém, nem te aflijas em face da resposta que ainda não chegou, benéfica.

Tem paciência e insiste mais.

Continua amando a criança e compreenderás o adulto atormentado.

***

São doentes, sim, os filhos alheios a quem amas e que não te reconhecem o carinho, como o são também os filhos da própria carne, que se debatem nas armadilhas da desdita, tornando-se arrogantes e perversos, desconhecidos e prepotentes.

Com Jesus aprendemos que o amor deve enfrentar os desafios da dificuldade, robustecendo-se na fé e servindo com as mãos da caridade até a plenitude, quando o homem, regenerado, estará numa Terra feliz que ele mesmo edificará.

Contemplarás, então, a gleba humana ditosa e te alegrarás pelo quanto contribuíste para que ela se fizesse plena.

Joanna de Ângelis

28
Filho adotivo

Mãezinha querida: eu sei que você me recebeu com a alma em festa, vestida de sonhos e esperanças. Em momento algum lhe passou pela mente que o fato de eu não lhe pertencer à carne pudesse alterar o nosso infinito amor.

Eu venho de regiões ignotas e dos tempos imemoriais do seu passado, no qual estabelecemos estes vínculos de afeto imorredouro...

Foi necessário que nós ambos nos precisássemos, na área da ternura, impedidos, porém, de nascer um da carne do outro, por motivos que nos escapam, a fim de que outra mulher me concebesse, entregando-me a você.

Ela não se deu conta da grandeza da maternidade; não obstante, sou-lhe reconhecido, pois que, sem a sua contribuição, eu não teria recebido este carinho de mãe espiritual saudosa, nem fruiria da sua convivência luminosa, graças à qual eu me enterneço e sou feliz.

Filho adotivo!

Quantas vezes me golpearam com azedume, utilizando essas palavras!

O seu amor, todavia, demonstrou-me sempre que a maternidade do coração é muito mais vigorosa do que a do corpo.

Não há mães que asfixiam os filhinhos, quando estes nascem? E outras, não há, que nem sequer os deixam desenvolver-se no seu ventre, matando-os antes do parto?

No entanto, quem adota, o faz por amor e doa-se por abnegação.

De certo modo, somos todos filhos adotivos uns dos outros, pelo corpo ou sem ele, porquanto a única paternidade verdadeira é a que procede de Deus, o Genitor Divino que nos criou para a glória eterna.

Mãezinha de adoção é alma que sustenta outra alma, vida completa que ampara outra vida em desenvolvimento.

Venho hoje agradecer-lhe, em meu nome e no daqueles filhos adotivos que, ingratos e doentes, pois que também os há em quantidade, não souberam valorizar os lares que os receberam, nem os corações que se dilaceram na cruz espinhosa dos sofrimentos em favor da vida e da segurança deles.

Recordando-me da Mãe de Jesus, que a todos nos adotou como filhos, em homenagem ao Seu Filho, digo-lhe, emocionada e feliz: *Deus a abençoe, mamãe, hoje e sempre!*

Amélia Rodrigues

29
Frutos da Delinquência

O delinquente deve sempre ser considerado um Espírito enfermo, padecendo injunções alienantes que o levam ao delito.

Não obstante, cumpre à sociedade o dever de ensejar-lhe a reeducação e o tratamento, quando colhido nas malhas da Lei.

Afastá-lo do convívio social, trabalhando pela sua reabilitação, a fim de que se transforme em cidadão útil, que contribua para o progresso da Humanidade, quanto para a própria evolução moral, é dever impostergável daqueles que pautam a vida pelos códigos de ética e de dignidade.

Evitar-se aplicar no infrator os mesmos processos violentos de que ele usa para alcançar os seus objetivos malsãos, constitui uma atitude de civilidade e cultura superiores.

Impedir-se a usança de técnica da agressividade ou da corrupção, ou os métodos da punição física, da coerção moral, da lavagem cerebral, significa utilização da Justiça que se propõe a soerguer o infeliz, embora implicitamente aplicando-lhe as penalidades que funcionam como terapia retificadora e edificante.

O delinquente nem sempre se origina dos sórdidos guetos e favelas, onde fermenta o caldo de cultura da desagregação da personalidade, locais de fomento ao crime em razão dos fatores sociomorais e econômicos que constringem e alucinam os que ali se encontram, mas de muitas outras comunidades e lares dignamente constituídos.

Crimes repulsivos e hediondos, agressões revoltantes e homicídios dantescos, furtos e roubos acompanhados de estupros e lamentáveis perversidades, lutas físicas e chantagens impiedosas, lenocínios e viciações toxicômanas apresentam altas e alarmantes taxas da delinquência que ora assolam a Terra e dizimam multidões em desespero...

***

Diante, no entanto, de delinquentes de tal jaez, tenta o amor fraternal, revidando-lhes a impiedade com a onda positiva de que o amor se faz portador. No entanto, se o amor ainda não domina os teus sentimentos, a ponto de facultar-te a reação não-agressiva, unge-te de compaixão e a piedade diluirá a violência que te assoma, alcançando o infrator que te fere, apagando as marcas da mágoa que teimara por insculpir no teu íntimo o desejo de desforço.

Não são, porém, delinquentes, somente aqueles que se armam de agressividade e, loucos, disseminam o medo, o crime brutal, aparvalhante.

Delinquem, também, os que exploram a ingenuidade dos jovens, arrojando-os nos antros da perdição; os que usurpam as parcas moedas do povo, no comércio escorchante de mercadorias de primeira necessidade; os profissionais liberais, que anestesiam a dignidade, falseando o juramento que fizeram de prometer servir e honrar o sacerdócio que abraçam, indiferentes, porém, aos problemas dos clientes, protelando suas soluções à custa de largas somas com que constroem sólidas fortunas, apesar de transitórias; os que espalham ondas de inquietação, urdindo tramas que aliciam outros partidários de emoção afetada; os que traem os afetos que lhes dedicam confiança e respeito; os maus administradores, que malversam os valores públicos e deles se utilizam a benefício próprio, dos seus êmulos e pares; os que conspiram, à socapa, contra as obras de benemerência e amor; e muitos, muitos outros que são arrolados como dignos de bom conceito e que, certamente, não cairão incursos nas legislações humanas, porque disfarçados de homens probos, bem aceitos e acatados...

Eles, todavia, sabem das próprias culpas, que dissimulam com habilidade.

A consciência despertará, por mais se demore em conivência com a má aplicação dos recursos da inteligência e da saúde de que se fazem dotados.

Não lograrão fugir de si mesmos, nem se liberarão dos conflitos que se lhes instalaram na alma.

Resguarda-te do *contágio* da delinquência, preservando os teus valores morais, mesmo que sejam de pequena monta; a tua posição social, embora não tenha realce público; a tua situação econômica, apesar de caracterizada pela pobreza; as tuas aspirações, mesmo que de pequeno porte, ligando-te em pensamento ao compromisso do bem que se irradia do Cristo, que programou para o homem e a Terra, em nome do Pai, a felicidade e a harmonia através de métodos de dignificação únicos, aliás, que compensam em profundidade e perenemente.

Os frutos da delinquência são a loucura de largo porte, o sofrimento sem conforto, o suicídio, a morte violenta, nefasta.

Vive, desse modo, as diretrizes do Evangelho e nunca te esqueças que, ao defrontares um delinquente, seja em qual circunstância for, será muito melhor ser-lhe a vítima do que seu algoz, conforme o próprio Mestre nos ensinou com o exemplo na Cruz.

Joanna de Ângelis

30
Delinquência, perversidade e violência

A onda crescente de delinquência que se espalha por toda a Terra assume proporções catastróficas, imprevisíveis, exigindo de todos os homens probos e lúcidos acuradas reflexões. Irrompendo, intempestivamente, faz-se avassaladora, em vigoroso testemunho de barbárie, qual se loucura de procedência pestilencial se abatesse sobre as mentes, em particular grassando na inexperiente juventude, em proporções inimagináveis, aflitivas.

Sociólogos, educadores, psicólogos e religiosos preocupados com a expressiva mole de delinquentes de toda lavra, especialmente os perversos e violentos, aprofundam pesquisas, improvisam soluções, experimentam métodos mal elaborados, aderem aos impositivos da precipitação, oferecem sugestões que triunfam por um dia e sucumbem no imediato, tudo prosseguindo como antes, senão mais turbulento, mais inquietador.

Os milênios de cultura e civilização parece que em nada contribuíram a benefício do homem que, intoxicado pela violência generalizada, adotou filosofias esdrúxulas, em tormentosa busca de afirmações, mediante o vandalismo e a obscenidade, em fugas espetaculares para as origens.

Numa visão superficial das consequências calamitosas desse estado sociomoral decorrentes, asseveram alguns observadores que a delinquência, a perversidade e a violência fluem, abundantes, dos campos das guerras *sujas* e cruéis, engendradas pela necessidade da moderna tecnologia de libertar os países superdesenvolvidos do excesso de armamentos bélicos e dos equipamentos militares ultrapassados, gerando focos de conflitos a céu aberto entre povos em fases embrionárias de desenvolvimento ou subdesenvolvidos, martirizados e destroçados a expensas dos interesses econômicos alienígenas, dominadores, arbitrários, no entanto, transitórios...

Indubitavelmente, a Humanidade vê-se compelida a responder por esse pesado ônus, fruto do egoísmo de homens e governos impenitentes que fomentam as desgraças imediatas, geratrizes de males que tais...

O homem, condicionado à técnica da matança desenfreada e selvagem, atormentado pelo medo contínuo, submetido às demoradas contingências da insegurança, incerteza e angústia disso resultantes, adestrado para matar antes e examinar depois, a fim de a si mesmo poupar-se, obrigando-se a cruciais situações, ingerindo drogas para sustentar-se, açular sensações, aniquilar sentimentos, só mui dificilmente poderá reencontrar-se, mesmo que transladado dos campos de combate para as comunidades pacíficas e ordeiras.

A simples injunção de uma paz assinada longe do caos dos conflitos onde perecem vidas, ideais e dignidade, jamais conseguirá transformar de improviso um veterano num pacato cidadão.

Além desse fator odioso, com suas intercorrências, referem-se os estudiosos aos da injustiça social vigente entre as diversas classes humanas, de que padecem os proletários e os menos favorecidos sempre arrojados às posições subalternas ou nenhures, mal remunerados, ou sem salário algum, subnutridos, abandonados. Atirados aos redutos sórdidos das favelas, guetos e malocas, vivendo de *expedientes*, dependentes uns dos outros, em aventuras, urdem na mais penosa miséria econômica, da qual se derivam as condições mesológicas deploráveis – causas de enfermidades orgânicas e psíquicas de diagnose difícil quão ignorada; geradoras de ódios, brutalidades e sevícias, nos quais se desarticulam os padrões dos sentimentos substituídos por frieza emocional resultante de inditosa esquizofrenia paranoide – os desforços contra a sociedade indiferente que os relega a estágio primitivo, sub-humano.

Às vezes, sobrevivem alguns descendentes, vítimas inermes do meio ambiente, cujos hábitos e costumes arraigados jungem-nos a viciações de erradicação difícil, quando não perturbante, de que não se conseguem libertar, estiolando-se mais tarde...

Todavia, devemos considerar, à margem das respeitáveis opiniões dos técnicos e especialistas no complexo problema, as condições morais das famílias abastadas – tendo-se em conta que a delinquência flui, também, abundante e referta, assustadora e rude, em tais meios assinalados pela linhagem social e pela tradição – cujos exemplos, nem sempre salutares, substituem o cumprimento dos retos deveres pelo suborno ou os transferem para realização a servos e pedagogos remunerados, enquanto os pais se permitem desconsiderações recíprocas, desprezo a leis e costumes, impondo seus caprichos e desaires como normas aceitas, convenientes, sobre as quais estatuem as diretrizes do comportamento, agindo de maneira desprezível, apesar da aparência respeitável...

A leviandade de mestres e educadores imaturos, não habilitados moralmente para os relevantes misteres de preparação das mentes e caracteres em formação, contribui, igualmente, com larga quota de responsabilidade no capítulo da delinquência juvenil, da agressividade e da violência vigentes, ameaçadoras, câncer perigoso a dizimar com crueldade o organismo social do planeta.

Experiências em laboratórios com ratos hão demonstrado que a superdensidade de espécimes em área reduzida torna-os violentos, após atravessarem períodos de voracidade alimentar, de abuso sexual até a exaustão, fazendo-os, depois, perigosos e agressivos, indiferentes às outras faculdades e interesses. Creem os especialistas em demografia, que o problema é semelhante no homem que vive estrangulado nos congestionados centros urbanos, onde as cifras da delinquência se fazem superlativas, cada dia ultrapassando as anteriores.

Destaquemos, aqui, a falência das implicações morais e da ética religiosa do passado, que depois da constrição proibitiva a todos os processos evolutivos viam-se ultrapassadas, sentindo necessidade de atualização para a sobrevivência, saltando do estágio primário da proibição pura e simples para o acumpliciamento e acomodação a pseudovalores novos, não comprovados pela qualidade de conteúdo. A permissividade total concedida por alguns receosos pastores, em caráter experimental, contribuiu para a morte do decoro e a vigência da licenciosidade que passou a vulgarizar a temática evangélica em indesculpável servilismo das paixões dominantes...

O delinquente, no entanto, padece, não raro, de distúrbios endógenos ou exógenos que o impelem ou predispõem à violência, que se desborda ante os demais contributos sociais, econômicos, mesológicos...

Sem qualquer dúvida, a desarmonia endócrina, resultante da exigência hereditária, as distonias psíquicas se fazem vigorosos impositivos para a alienação e a delinquência. Muitos dramas psicológicos e recalques que procedem do próprio Espírito aturdido e infeliz espocam como complexos destrutivos da personalidade, expulsando-os para os porões do desajuste da emoção e para a rebeldia sistemática a que se agarram, buscando sobreviver, não raro enlouquecendo pela falta de renovação e pela intoxicação dos fluidos e miasmas psíquicos que cultivam.

Além disso, os distúrbios orgânicos, as sequelas de enfermidades várias, os traumatismos ocasionados por golpes e quedas são outra fonte de desarranjos do discernimento, ensejando a fácil eclosão da violência e da agressividade.

Pulula, ainda, nos complexos mecanismos da reencarnação em massa destes dias, o mergulho no corpo somático de Espíritos primários nos quadros da evolução, necessitados de progresso e ajuda para a própria ascensão, e que, não encontrando os estímulos superiores para o enobrecimento, são, antes, conduzidos à vivência das sensações grosseiras em que transitam, desbordando os impulsos agressivos e os instintos violentos com que esperam impor-se e usufruir mais fogosas cargas de gozos nas quais se exaurem e sucumbem. Aderem à filosofia chã de viver intensamente um dia, a lutarem e viverem todos os dias.

A simples preocupação dos interessados – e a questão nos diz respeito a todos nós –, não resolve, se medidas urgentes e práticas, mediante uma política educativa generalizada, não se fizerem impor antes da erupção de males maiores e das suas consequências em progressão, apavorantes. Teríamos, então, as cidades transformadas em imensos palcos para o espetáculo cada vez mais rude da delinquência e dos seus famigerados comparsas.

Tem-se procurado reprimir a delinquência sem se combaterem as causas fecundas da sua multiplicação. Muito fácil, parece, a tarefa repressiva; inútil, porém, quando se transforma em um fator a mais para a própria violência.

A terapêutica para tão urgente questão há de ser preventiva, exigindo dos adultos que se repletem de amor nas inexauríveis nascentes da Doutrina de Jesus, a fim de que, moralizando-se, possam educar as gerações novas, propiciando-lhes clima salutar de sobrevivência psíquica e realização humana.

A valorização da vida e o *respeito pela vida* conduzirão pais, mestres, educadores, religiosos e psicólogos a uma engrenagem de entendimento fraternal com objetivos harmônicos e metódicos – exemplos capazes de sensibilizar a alma infantil e conduzi-la com segurança às metas felizes que deve perseguir.

Por coerência, espiritualmente renovado e educado, o homem investirá contra a chaga vergonhosa da injustiça social, contra os torpes métodos que fomentam a miséria econômica e seus fâmulos, contra o inditoso e constritivo meio ambiente pernicioso, contra o orgulho, o egoísmo e a indiferença.

Os portadores de perturbação psíquica de qualquer procedência e violentos serão amados e atendidos por uma Medicina mais humana e mais interessada nos pacientes que preocupada em auferir lucros e homenagens com que muitos dos seus profissionais se envilecem, na tortuosa correria para a fama e o poder...

O homem iluminado interiormente pela flama cristã da certeza quanto à sobrevivência do Espírito ao túmulo e da sua antecedência ao berço, sabendo-se herdeiro de si mesmo, modifica-se e muda o meio onde vive, transformando a comunidade que deixa de a ele se impor para dele receber a contribuição expressiva, retificadora.

Os homens são, pois, os seus feitos.

A sociedade são os homens que a constituem.

A vida humana resulta dos Espíritos que a compõem.

Com sabedoria incontestável, elucidou Jesus, o Incomparável Psicólogo, que prossegue vitorioso, não obstante os séculos transcorridos: *"Busca, primeiro, o Reino de Deus e Sua Justiça e tudo o mais te será acrescentado"*, demonstrando que, em o homem se voltando para a Pátria espiritual – a verdadeira – e suas questões, de fundamental importância, os demais interesses serão resolvidos como efeito natural das aquisições maiores.

Nesse cometimento, todos estamos engajados e ninguém se pode omitir, porquanto somos igualmente responsáveis pelas ocorrências da delinquência, perversidade e violência – esses teimosos remanescentes da *natureza animal* do homem em luta consigo mesmo para insculpir o bem e libertar dos grilhões do primarismo terreno a sua *natureza espiritual*.

Toda contribuição de amor, como de paciência, toda dádiva de luz, como de saber são valiosa oferenda para o amanhã de paz e ventura que anelamos.

Joanna de Ângelis

31
ALUCINÓGENOS, TOXICOMANIA E LOUCURA

Dentre os gravames infelizes que desorganizam a economia social e moral da Terra atual, as drogas alucinógenas ocupam lugar de destaque, em considerando a facilidade com que dominam as gerações novas, estrangulando as esperanças humanas em relação ao futuro.

Paisagem humana triste, sombria e avassaladora, pelos miasmas venenosos que destilam os grupos vencidos pelo uso desregrado dos tóxicos, constitui evidência do engano a que se permitiram os educadores do passado: pais ou mestres, sociólogos ou éticos, filósofos ou religiosos.

Cultivado e difundido o hábito dos entorpecentes entre povos estiolados pela miséria econômica e moral, foi adotado pela Civilização Ocidental quando o êxito das conquistas tecnológicas não conseguiu preencher as lacunas havidas nas aspirações humanas – mais ampla e profunda integração nos objetivos nobres da vida.

Mais preocupado com o corpo do que com o Espírito, o homem moderno deixou-se engolfar pela comodidade e prazer, deparando, inesperadamente, o vazio interior que lhe resulta amarga decepção, após as secundárias conquistas externas.

Acostumado às sensações fortes, passou a experimentar dificuldade para adaptar-se às sutilezas da percepção psíquica, do que resultariam aquisições relevantes promotoras de plenitude íntima e realização transcendente.

Tabulados, no entanto, programados por aferição externa de valores objetivos, preocuparam-se pouco os encarregados da Educação em penetrar a problemática intrínseca dos seres, a fim de, identificando as nascentes das inquietações no Espírito imortal, serem solvidos os efeitos danosos e atormentadores que se exteriorizam como desespero e angústia.

Estimulado pelo receio de enfrentar dificuldades, ou motivado pela curiosidade decorrente da falta de madureza emocional, inicia-se o homem no uso dos estimulantes – sempre de efeitos tóxicos –, a que se entrega, inerme, deixando-se arrastar desde então, vencido e desditoso.

Não bastassem a leviandade e intemperança da maioria das vítimas potenciais da toxicomania, grassam os traficantes inditosos que se encarregam de arrebanhar catarmas que se lhes submetem ao comércio nefando, aumentando, cada hora, os índices dos que sucumbem irrecuperáveis.

A má imprensa, orientada quase sempre de maneira perturbante, por pessoas atormentadas, colocada para esclarecer o problema, graças à falta de valor e de maior conhecimento da questão por não se revestirem os seus responsáveis da necessária segurança moral, tem contribuído mais para torná-lo natural do que para libertar os escravizados que não são alcançados pelos "slogans" retumbantes, porém vazios das mensagens, sem efeito positivo.

O cinema, a televisão, o periodismo dão destaque desnecessário às tragédias, aumentam a carga das informações que chegam vorazes às mentes fracas, aparvalhando-as sem as confortar, empurrando-as para as fugas espetaculares através dos meandros dos tóxicos e de processos outros dissolventes ora em voga...

Líderes da comunicação, ases da arte, da cultura, dos esportes não se pejam de revelar que usam estimulantes que os sustentam no ápice da fama, e, quando sucumbem, em estúpidas cenas de autodestruição consciente ou inconsciente, são transformados em modelos dignos de imitados, lançados como protótipos da nova era, vendendo as imagens que enriquecem os que sobrevivem, de certo modo causadores da sua desgraça...

Não pequeno número, incapaz de prosseguir, apaga as luzes da glória mentirosa nas furnas imundas para onde foge: presídios, manicômios, sarjetas, ali expiando, alucinado, a leviandade que o mortificou...

As mentes jovens, despreparadas para as realidades da guerra que estruge em todo lugar, nos países distantes e nas praias próximas, como nos intrincados domínios do lar onde grassam a violência, o desrespeito, o desamor, arrojam-se, voluptuosas, insaciáveis, ao prazer fugidio, à dita de um minuto em detrimento, afirmam, da angustiosa expectativa demorada de uma felicidade que talvez não fruam...

Fixando-se nas estruturas muito sutis do perispírito, em processo vigoroso, os estupefacientes desagregam a personalidade, porquanto produzem na memória anterior a liberação do subconsciente que invade a consciência atual com as imagens torpes e deletérias das vidas pregressas, que a misericórdia da reencarnação faz jazerem adormecidas... De incursão em incursão no conturbado mundo interior, desorganizam-se os comandos da consciência, arrojando o viciado nos lôbregos alçapões da loucura que o absorve, desarticulando os centros do equilíbrio, da saúde, da vontade, sem possibilidade reversiva, pela dependência que o próprio organismo físico e mental passa a sofrer, irresistivelmente... Faz-se a apologia de uns alucinógenos em detrimento de outros e explica-se que povos primitivos de ontem e remanescentes de hoje utilizavam e usam alguns vegetais portadores de estimulantes para experiências paranormais de incursão no Mundo espiritual, olvidando-se que o exercício psíquico pela concentração consciente, meditação profunda e prece conduz a resultados superiores sem as consequências danosas dos recursos alucinatórios.

A quase totalidade que busca desenvolver a percepção extrassensorial, através da usança do estupefaciente, encontra em si mesma o *substractum* do passado espiritual que se transforma em fantasmas, cujas reminiscências assomam e persistem, passada a experiência, impondo-se a pouco e pouco, resultando na desarmonização mental do neófito irresponsável. Vale, ainda, recordar que adversários desencarnados que se demoram à espreita das suas vítimas utilizam-se dos sonhos e *viagens* para surgirem na mente do viciado, no aspecto perverso em que se encontram, causando pavor e fixando matrizes psíquicas para as futuras obsessões em que se repletarão emocionalmente, famelgas da infelicidade em que se transformam.

A educação moral à luz do Evangelho sem disfarces nem distorções; a conscientização espiritual sem alardes; a liberdade e a orientação com bases na responsabilidade; as disciplinas morais desde cedo; a vigilância carinhosa dos pais e mestres cautelosos; a assistência social e médica em contribuição fraternal constituem antídotos eficazes para o aberrante problema dos tóxicos – autoflagelo que a Humanidade está sofrendo, por haver trocado os valores reais do amor e da verdade pelos comportamentos irrelevantes quão insensatos da frivolidade.

O problema, portanto, é de educação na família cristianizada, na escola enobrecida, na comunidade honrada e não de repressão policial...

Se és jovem, não te iludas, contaminando-te, em face do pressuposto de que a cura se dá facilmente.

Se atravessas a idade adulta, não te concedas sonhos e vivências que pertencem à infância já passada, ansiando por prazeres que terminam ante a fugaz e enganosa durabilidade do corpo.

Se és mestre, orienta com elevação abordando a temática sem preconceito, mas com seriedade.

Se és pai ou mãe, não penses que o teu lar estará poupado. Observa o comportamento dos filhos, mantém-te atento, cuida deles desde antes da ingerência e do comprometimento nos embalos dos estupefacientes e alucinógenos, em cuja oportunidade podes auxiliá-los e preservá-los. Se, porém, te surpreenderes com o drama que se adentrou no lar, não fujas dele, procurando ignorá-lo em conivência de ingenuidade, nem te rebeles, assumindo atitude hostil. Conversa, esclarece, orienta e assiste os que se hajam tornado vítimas, procurando os recursos competentes da Medicina, como da Doutrina Espírita, a fim de conseguires a reeducação e a felicidade daqueles que a Lei Divina te confiou para a tua e a ventura deles.

Joanna de Ângelis

32
VICIAÇÃO ALCOÓLICA

Sob qualquer aspecto considerado, o vício – esse condicionamento pernicioso que se impõe como uma "segunda natureza" constritora e voraz – deve ser combatido sem trégua desde quando e onde se aloje.

Classificado pela leviandade de muitos dos seus aedos como de pequeno e grande porte, surge com feição de "hábito social" e se instala em currículo de longo tempo, que termina por deteriorar as reservas morais, anestesiando a razão e ressuscitando com vigor os instintos primevos de que se deve o homem libertar.

Insinuante, a princípio perturba os iniciantes e desperta nos mais fracos curiosa necessidade de repetição, na busca enganosa de prazeres ou emoções inusitadas, conforme estridulam os aficionados que lhe padecem a irreversível dependência.

Aceito sob o acobertamento da impudica tolerância, seu contágio destrutivo supera o das mais virulentas epidemias, ceifando maior número de vidas do que o câncer, a tuberculose, as enfermidades cardiovasculares adicionados... Inclusive, mesmo na estatística obituária dessas calamidades da saúde, podem-se encontrar como causas preponderantes ou predisponentes as matrizes de muitos vícios, que se tornaram aceitos e acatados qual motivo de relevo e distinção...

Os vitimados sistemáticos pela viciação escusam-se abandoná-la, justificando que o seu é sempre um simples compromisso de fácil liberação, em considerando outros de maior seriedade que, examinados, à sua vez, pelos seus sequazes, se caracterizam, igualmente, como insignificantes.

Há quem a relacione como de consequência secundária e de imediata potência aniquilante. Obviamente situam suas compressões como irrelevantes, em face de "tantas coisas piores"... E argumentam: "antes este", como se um mal pudesse ter sopesadas, avaliadas e discutidas as vantagens decorrentes da sua atuação...

Indiscutivelmente, a ausência de impulsão viciosa no homem dá-lhe valor e recursos para realizar e fruir os elevados objetivos da vida, que não podem ser devorados pela irrisão das vacuidades.

A vinculação alcoólica, por exemplo, escraviza a mente, desarmonizando-a e envenena o corpo, deteriorando-o. Tem início através do aperitivo inocente, quão dispensável, que se repete entre sorrisos e se impõe como necessidade, realizando a incursão nefasta, que logo se converte em dominação absoluta, desde que aumenta de volume na razão direta em que consome.

Os pretextos surgem e se multiplicam para as libações: alegria, frustração, tristeza, esperança, revolta, mágoa, vingança, esquecimento... Para uns se converte em coragem, para outros em entusiasmo, invariavelmente impondo-se, dominador incoercível. Emulação para práticas que a razão repulsa, o alcoolismo faz supor que sustenta os fracos, que tombam em tais urdiduras, quando, em verdade, mais os debilita e arruína.

Não fossem tão graves, por si sós, os danos sociais que dele decorrem, transformando cidadãos em párias, jovens em vergados anciãos precoces, profissionais de valor em trapos morais, moçoilas e matronas em torpes simulacros humanos, aceitos e detestados, acatados e temidos nos sítios em que se pervertem a caminho da total sujeição, que conduz, quando se dispõe de moedas, a sanatórios distintos e, em contrário, a sarjetas hediondas, em ambos os casos avassalados por alienações dantescas, culmina em impor os trágicos autocídios, por cujas portas buscam, tais enfermos, soluções insolváveis para os problemas que criaram espontaneamente para si próprios... Não acontecendo a queda espetacular no suicídio, este se dá por processo indireto, graças à sobrecarga destrutiva que o alcoólatra ou simples cultivador da alcoofilia depõe sobre a tecelagem de elaboração divina, que é o corpo. E quando vem a desencarnação, o que é também doloroso, não cessa a compulsão viciosa, nascendo dramas imprevisíveis do outro lado do túmulo, em que o Espírito irresponsável constata que a morte não resolveu os problemas nem aniquilou a vida...

Nesse capítulo, convém considerarmos que a desesperada busca ao álcool – ou substâncias outras que dilaceram a vontade, desagregam a personalidade, perturbam a mente – pode ser, às vezes, inspirada por processos obsessivos, culminando sempre, porém, por obsessões infelizes, de consequências imprevisíveis.

A pretexto de comemorações, festas, decisões, não te comprometas com o vício.

O oceano é feito de gotículas e as praias imensuráveis de grãos.

Liberta-te do conceito: "hoje só", quando impelido a comprometimento pernicioso e não te facultes: "apenas um pouquinho", porquanto uma picada que injeta veneno letal, não obstante em pequena dose, produz a morte imediata.

Se estás bafejado pela felicidade, sorve-a com lucidez.

Se te encontras visitado pela dor, enfrenta-a, abstêmio e forte.

Para qualquer cometimento que exija decisão, coragem, equilíbrio, definição, valor, humildade, estoicismo, resignação, recorre à prece, mergulhando na reflexão o pensamento, e haurirás os recursos preciosos para a vitória em qualquer situação, sob qual seja o impositivo.

Nunca te permitas a assimilação do vício, na suposição de que dele te libertarás quando queiras, pois que se os viciados pudessem querer não estariam sob essa violenta dominação.

Joanna de Ângelis

33
Entrevista

PERGUNTA: *O adultério, como entendo, é coabitar com alguém e aventurar-se simultaneamente com outrem. Certo?*

DIVALDO: Sim.

PERGUNTA: *Não se pode ter dois parceiros ao mesmo tempo?*

DIVALDO: Não nos parece legal nem moral esse comportamento.

PERGUNTA: *O que aqui se faz, aqui se paga?*

DIVALDO: Sim. Desrespeitando-se as leis, essas, em desarmonia, giram em torno dos infratores, até que eles venham reorganizá-las. Todo mal que fazemos é mal que produzimos a nós mesmos. Os erros que aqui engendramos nos perturbam e devemos resgatá-los aqui mesmo, na Terra, reeducando-nos.

PERGUNTA: *Como proceder, no caso de criança de 12 anos que manifesta ódio extremado pelos pais?*

DIVALDO: Quando estiver dormindo, que os pais tentem conversar com ela, que falem com ternura, procurem dizer-lhe que a amam. Porque embora o corpo esteja repousando, o Espírito está vigilante. Pode tal situação ter origem no passado espiritual ou na atualidade carnal. Muitas vezes, quando nasce o nosso filho, utilizamos de palavras impróprias, temos uma reação negativa, dizendo que o menino é feio ou que aguardávamos um ser mais bonito; queríamos uma filha, ou vice-versa. O Espírito ouve, magoa-se e pode criar ressentimento. Então, a melhor terapêutica, no caso, é envolver essa criança em vibrações de ternura, de amor, e quando esteja dormindo falar-lhe de que a ama e amá-la realmente.

PERGUNTA: *Uma criança recém-nascida e totalmente deformada tem uma vida vegetativa. A pena serve para quem reencarnou nessa criança ou para os que convivem com ela?*

DIVALDO: Para ambos. Principalmente para quem está reencarnando. Possivelmente aquela criança deformada foi um suicida. Mas os pais atuais ou aqueles com quem ela convive podem ter sido os autores intelectuais do suicídio ou equivalente. Talvez sejam aqueles que lhe desrespeitaram os valores morais, ou então os responsáveis negativos do pretérito que volvem para ajudá-la a suportar as circunstâncias.

PERGUNTA: *No caso de criança adotada, existe predeterminação do Plano espiritual para que seja acolhida naquele lar?*

DIVALDO: Nesse caso, a criança que recebemos hoje de outra maternidade é o filho que atiramos fora, no passado.

PERGUNTA: *Como o espírita vê o divórcio?*

DIVALDO: Nós o vemos como uma necessidade para os problemas existentes. O ideal seria sempre que os indivíduos se amassem a ponto de não necessitarem da separação legal, porque no momento em que desaparece o amor, desaparecem os vínculos exteriores. Como vivemos numa sociedade constituída por estatutos e leis, é mister que respeitemos essas normas. No entanto, quando o casal não consegue mais se suportar, a fim de evitar males maiores, o divórcio é uma fórmula para ajudar na recuperação da vida de ambos, bem como para atender aos aspectos moral e legal da nova situação.

PERGUNTA: *Quer dizer que essa história de almas irmãs morreu?*

DIVALDO: Quando o matrimônio ocorre entre almas afins não sucedem tais dificuldades. Segundo a teoria das 'almas gêmeas', as várias uniões pelo matrimônio, quando não bem-sucedidas, tornam-se provas recíprocas, preparando-as para futuros cometimentos ditosos.

PERGUNTA: *Divaldo, uma questão sobre comportamento: Qual deve ser a posição do jovem espírita perante a prática sexual antes do casamento?*

DIVALDO: É uma questão muito controvertida, porque

é um problema de consciência. Por mais amplitude que me permita, não consigo conceber o sexo como parte de uma vida promíscua. O estômago, quando se come demais, tem indigestão. Qualquer órgão de que se abusa, sofre o efeito imediato. O problema do sexo é a mente. Criou-se o mito de que a vida foi feita para o sexo, e não este para a vida.

Depois da revolução sexual dos anos 60, o sexo saiu do aparelho genésico para a cabeça. Só se pensa, fala, respira, sexo. E quando não funciona, por exaustão, parte-se para os estimulantes, como mecanismos de fuga, o que demonstra que o problema não é dele, e sim, da mente viciada. Se o problema fosse do sexo, as pessoas 'saciadas' seriam todas felizes, o que, realmente não se dá. Ou a criatura conduz o sexo, ou este a arruína. Ou se disciplina o estômago, ou se morre de indigestão. Tenho aprendido, com a experiência pessoal e com a adquirida em nossa comunidade, que o sexo antes do casamento constitui um mecanismo de desequilíbrio. Mesmo porque, com tanto sexo antes do casamento, já não se faz necessário casamento depois do sexo.

Acho perfeitamente natural, embora não justifique nem estimule, que a pessoa, num arrebatamento afetivo, em um momento, realize uma comunhão sexual. Não encaro isso como escândalo, porque o sexo, como qualquer departamento orgânico, é setor da vida. O que me parece grave, é que a esse momento de arrebatamento se sucederão outros, como a sede de água do mar que, quanto mais se bebe, mais sede se tem. Conheço casos de frustrações sexuais terríveis, de neuroses, psicoses, porque as pessoas foram traídas nos seus sentimentos profundos, pelo abandono a que foram relegadas. Sugiro ao jovem espírita a atitude casta. Uma atitude casta não quer dizer isenta de comunhão carnal, mas sim, atitude de respeito, de pureza. Colocar o sexo no lugar e o amor acima do sexo, que moralizado pelo amor, sabe-se quando, como e onde atuar.

Quando se ama, não se atira o outro na ruína. O sexo, antes do matrimônio, deve ser muito bem estudado, porque, sob a alegação de que se 'tem necessidade' dele, não se o torne vulgar. Cada consciência eleja para o próximo o que gostaria que o próximo elegesse para si.

PERGUNTA: *As crianças que estão sendo evangelizadas, de que maneira podem os pais ajudá-las, a fim de que a evangelização continue no lar?*

DIVALDO: Aos pais compete a observação das tendências, das naturezas dos seus filhos para bem orientá-los e despertarem nos mesmos as qualidades que se contrapõem aos defeitos. Entretanto, isto deve ser feito quando os filhos são muito pequenos, e é justamente quando os pais são mais inexperientes, menos maduros. Então, quando vemos os resultados, o tempo já passou. Como agir? Por mais imaturos que sejam os pais, há, entre eles e os filhos, o largo período que já viveram. Nesse período, adquiriram as experiências das suas próprias vivências.

Há, em todo indivíduo, a tendência para o bem, porque somos lucigênitos. Esse heliotropismo divino nos leva sempre a discernir entre o que é certo e o que é errado. Se, por acaso, por inexperiência, não orientamos bem o filho na primeira infância, é sempre tempo de começar, porque estamos sendo educados até a hora da própria desencarnação.

Os pais que não lograram encaminhar bem os seus filhos, porque lhes faltava o equilíbrio do discernimento, quando se estava no período da formação da personalidade, podem recomeçar em qualquer instante, de maneira suave, perseverante e otimista, através do exemplo e da vivência do amor.

Os pais podem ajudar a evangelização no lar, sobretudo pela exemplificação. É a exemplificação a melhor metodologia para que se inculquem as ideias que desejamos penetrem naqueles que vivem conosco.

Se examinarmos Jesus, Ele disse muito menos do que viveu e viveu muito mais do que nos falou. A mim, me sensibiliza muito uma cena que me parece culminante na vida do Cristo.

Quando Ele estava com Anás, o Sumo Sacerdote, que Lhe perguntou sobre Sua doutrina, ao que respondeu Jesus, que nada falara em oculto e que ele deveria perguntar aos que O ouviram. (1. João, 18:19 a 23)

Um soldado que estava ao lado do representante de César, agrediu-O, esbofeteando-Lhe a face.

Para mim, este gesto é dos mais covardes: bater na face de um homem atado.

Então Jesus não reagiu. Agiu com absoluta serenidade.

Pacifista por excelência, voltou-se para o agressor e lhe perguntou: Soldado, por que me bateste? Se errei, aponta-me o erro, mas se eu disse a verdade, por que me bateste?

É uma lição viva, porque Ele poderia apelar ali para a justiça do representante de César; poderia ter-se encolerizado; ter tido um gesto de reação, mas Ele preferiu agir.

O lar é a escola do exemplo, onde, lamentavelmente, se vive agir.

Chega o filho da aula de evangelização e encontra os pais em casa irritados, reclamando, blasfemando, atritando.

Lentamente considera que aquilo que acaba de ouvir na Escola Espírita, que é o Centro, é uma teoria agradável como toda e qualquer outra, mas tão inócua que não modificou aqueles que o levam a recebê-la, não tendo forças para praticá-la.

Daí, o lar é um laboratório de exemplificação daquilo que o Centro Espírita ensina.

Para o lar transferimos a vivência, a fim de que um dia, no Centro Espírita e na comunidade, possamos exemplificar o que aprendemos na evangelização.

PERGUNTA: *Por que a mediunidade começa cedo no jovem, principalmente quando não é espírita?*

DIVALDO: Ela se manifesta, quiçá, cedo, porque a mediunidade é uma faculdade do Espírito que se exterioriza pelo organismo.

Allan Kardec, no capítulo XIV de *O Livro dos Médiuns*, afirma que "todo aquele que sente em determinado grau a presença dos Espíritos é, por isso mesmo, um médium."

A faculdade é do Espírito, e o instrumento é o corpo. Naturalmente se manifesta cedo qual ocorre com a memória, a inteligência, as aptidões. Por um lado, isto é uma forma providencial, porque ao se apresentar cedo no homem, ela abre um elenco de oportunidades edificantes, cerceando-lhe o direito de assumir compromissos negativos que seriam difíceis de erradicados mais tarde. Convidado no exercício saudável da mediunidade na juventude, o indivíduo tem a oportunidade de pautar a vida nas linhas do equilíbrio, que lhe facilitará exercê-la com elevação e sabedoria, antes que os problemas de vária ordem, atormentando-o, tornem-lhe o exercício nobre mais difícil, porque vinculado a débitos desta existência e conectado a mentes perversas que procedem da Erraticidade inferior, o adulto tem muito mais dificuldade de reeducar-se, de modificar a paisagem íntima a fim de assumir as tarefas que lhe são propostas pela vida.

Desse modo, é uma bênção que a mediunidade se revele em plena idade juvenil, como também surge noutros períodos da vida. Há indivíduos que passaram a registrá-la melhor na fase da razão. E outros até mesmo na terceira idade, sem nenhum prejuízo para a desincumbência das tarefas que a mediunidade impõe.

PERGUNTA: *O que fazer quando o jovem adolescente desiste de estudar a Doutrina, apesar de os pais continuarem? O jovem vem frequentando desde pequeno.*

DIVALDO: A nossa existência é feita de períodos. Há um no qual o jovem tem necessidade de viver as suas próprias experiências, eleger aquilo que lhe parece melhor. Se esse jovem teve, na infância e no primeiro período da adolescência, um bom embasamento doutrinário, ele vai realizar outras experiências. E, naturalmente, aquilo que está ensementado nele terá ocasião de oportunamente germinar, crescer e frondejar, albergando-o nas horas mais difíceis da sua existência.

Se a pergunta parte dos pais, convém que instem para que o filho prossiga na participação das atividades doutrinárias. Instar sem impor. Insistir sem violentar, tendo, porém, a preocupação de continuarem a dar os melhores exemplos, aqueles que são compatíveis com o que se ensina na Casa Espírita.

Às vezes, ocorre que o jovem, quando vai chegando à idade da reflexão e examina a conduta da família diante dos postulados que a Doutrina ensina, constata que algo está errado: ou o Espiritismo não é legítimo, porque não logrou modificar a família, ou a família não é honesta, porque não assimilou os postulados que diz abraçar. Assim, resolve pela realização das suas próprias buscas.

Passado o período em que ele parece ter-se libertado do compromisso semanal que mantinha com a Casa Espírita, vale considerar que isto não nos deve constituir motivo de pesar nem de desânimo, pelo contrário, deve emular-nos a acender mais a luz da esperança, e agora, em vez de impor-lhe o estudo da Doutrina, provar-lhe a excelência da vivência espírita.

PERGUNTA: *Como educar os nossos filhos com relação a casamento civil e religioso, se eles, apesar de não serem malcomportados em relação a casamento, passam por cima de todas as convenções? A minha filha perguntou se eu queria vê-la casada ou feliz. Isso, porque eu não estava aprovando a união dela com um jovem desquitado.*

DIVALDO: Em Doutrina Espírita não temos casamento religioso, que é uma criação eclesiástica, teológica, para realizar um culto externo sem maior significado na área emocional da criatura.

Lendo o capítulo XXII, Allan Kardec escreveu em *O Evangelho segundo o Espiritismo*, a respeito do matrimônio, explicando que o importante não é a fórmula com a qual se regularizam a herança e o respeito social diante das leis.

O casamento surgiu como uma necessidade de evitar a poligamia, a corrupção sexual, a variação de parceiros, fazendo que o indivíduo se vincule a outro até quando o amor estiver presente, exigindo o respeito dos cônjuges. Jesus chegou a dizer que no começo não era assim, não havia uma fórmula. O casamento é uma conquista sociocultural da legalização de um sentimento existente. Nós, espíritas, somente consideramos o casamento através do ato civil, porque o importante é a eleição dos sentimentos de profundidade.

Ocorre que a dissolução dos costumes faz que se elejam pessoas, graças à ação da libido em nosso comportamento emocional. É o prazer do sexo, o tormento do sexo que se busca aplacar e atender através das fórmulas das uniões apressadas e, como é natural, das desuniões desesperadas. Porque, passado o ardor, acabado o combustível que mantém a labareda do desejo, acaba o interesse. Desde que não houve o sentimento de amor nem de respeito, a amizade não perdura. O que mantém o casamento depois das emoções, é o respeito entre os dois indivíduos, que se fundamenta na amizade que estrutura os sentimentos de união.

Eu responderia à minha filha que eu a desejava feliz e casada. Por que ela tem que ser feliz e descasada? Por que elegendo um rapaz desquitado, que não tem outro compromisso, ele não terá o direito de se consorciar, já que as leis o permitem? Se ela serve para ser companheira, por que não servirá para ser esposa? Ainda mais num momento em que as leis permitem dissolver o vínculo matrimonial!

Sempre digo aos meus filhos, que os prefiro casados e felizes. A conduta que, hoje, certa parte da sociedade se permite, e não são apenas os jovens mas também os adultos, é a da libertinagem disfarçada de liberação dos costumes.

Ontem, casualmente, assisti a um programa de televisão no qual se apresentava uma jovem, modelo fotográfica, que está acostumada a viver despida. Alguns adultos, que constituíam o júri, perguntaram se ela não ficava constrangida de despir-se para ser fotografada. Ela respondeu que sim, mas como a sua profissão era essa, ela pagava o tributo, porque isso fazia parte do seu trabalho. Uma resposta perfeitamente sensata. Então se despiu quase totalmente. Uma senhora idosa, que estava no júri, falou que lhe indagam porque os modelos não se desnudavam completamente, então ela respondeu que iria propor essa condição. Ao concluir, foi um aplauso espetacular no auditório, de velhos e velhas algo decadentes. Uns dois ou três jovens, que aliás já estão cansados de tais cenas, ficaram indiferentes, o que me pareceu surpreendente.

E a moça, que é modelo, teve o pudor de não se despir.

O entrevistador, que é muito falante e pensa ser atraente, afirmou que estava de acordo e ajudaria a jovem a desnudar-se, e ela recusou-se, porque ela sabe que, afinal, a sua profissão permite-lhe mostrar o corpo, mas não a obriga a ser vulgar nem venal. A vulgaridade e a venalidade eram das criaturas que ali estavam, em declínio físico e moral.

Daí não podermos acusar os jovens. Eles são o que lhes temos feito e serão o que lhes fizermos.

PERGUNTA: *Hoje é muito grande o envolvimento do jovem na política. Preocupado com as leis humanas, indiferente às Divinas. É um processo educacional? Como conciliar as duas coisas?*

DIVALDO: Ocorre que o jovem padece constrição de

uma sociedade que não tem sido justa para com os seus membros. Não tendo recebido no lar a formação de uma educação nas bases reencarnacionistas, assim, tem buscado uma forma de cortar os efeitos através de leis que, infelizmente, não alcançam a causalidade. É perfeitamente justa a necessidade e a busca de engajamento do jovem na política, para equacionar o problema que ele apenas vê nos resultados negativos. A maneira de conciliar a situação é educá-lo para um saudável engajamento, não através do jogo dos interesses imediatos, mas ensinando-o a ser bom eleitor. Politizá-lo, conscientizá-lo.

Dizer-lhe que numa sociedade democrática, o voto é a grande arma do cidadão. No momento em que ele esgrimir essa arma, não venderá a consciência aos corruptos, pelo contrário, os eliminará.

No mesmo programa, já referido, ouvi a resposta de um advogado, que me sensibilizou muito pela justeza da colocação. Ele falava de corrupção e dizia que só há corruptos porque há corruptores. Aqueles que se vendem, fazem-no a alguém que é pior do que eles. Os corruptores quase nunca são justiçados, porque não denunciam a desonestidade, pois que ela é boa para acobertar-lhes as indignidades.

Da mesma forma, porque há o receptador, existe o ladrão. Esse furta um aparelho, porque há alguém que o compra por qualquer preço. Não se pode punir o primeiro sem alcançar o outro. Aquele que não denuncia o ladrão e aceita-lhe o fruto da rapina, também furta. O ladrão, ao oferecer ao receptador uma peça valiosa e ele a compra por valor inferior, então, está furtando do assaltante, de um outro delinquente. Não tem interesse de denunciar o delinquente, porque também o é.

Assim, devemos politizar a mentalidade jovem, para que não venda o seu voto a amigos, a conhecidos, nem àqueles que se utilizam de expedientes escusos.

Anunciam os expertos em política que a candidatura de um Deputado Federal está custando, no Brasil, em São Paulo, aproximadamente cinquenta mil dólares. A pessoa toma posse e trabalha quatro anos. Nesse período, suponhamos que ganhe, legalmente, de salário dois mil dólares, mas gasta cinquenta mil. Não é necessário mostrar que, de algum lugar, surge esse valor e que, de alguma forma, retornará multiplicado. Está aí o quadro da desonestidade. Iremos conscientizar os jovens, a fim de que não se vendam, votando com a consciência. Na Mansão do Caminho, somos apolíticos. A nossa é a política do Evangelho. Procuramos educar de forma que as pessoas tenham consciência do seu voto. Lá não permitimos que se faça campanha eleitoreira.

Teremos que ensinar a atual geração, a fim de que, quando chegar sua vez, esteja equipada para enfrentar a corrupção que se tornou clássica em a natureza humana. Não só no Brasil, porém em a natureza humana, em toda parte.

PERGUNTA: *Qual deverá ser a atitude de um evangelizador ao deparar-se com um jovem com tendências homossexuais, sabendo que o mesmo se encontra nessa situação, sentindo amor por outro do mesmo sexo?*

DIVALDO: O problema é de ordem íntima. Não temos o direito de invadir a privacidade de ninguém, a pretexto de querer ajudar os outros.

Há uma preocupação em nós, de querermos salvar os outros, antes de nos salvarmos a nós mesmos.

Devemos sempre ensinar corretamente o que a Doutrina recomenda. Se alguém vier pedir-nos ajuda, estendamo-la sem puritanismo, sem atitudes ortodoxas, porque o problema posto em pauta é de muita profundidade para uma análise de natureza superficial.

Se notamos que um dos nossos condiscípulos está numa fase de transição — e a adolescência, além de ser um período de formação da personalidade, é também de bipolaridade sexual — procuremos estimulá-lo para que canalize corretamente as suas emoções para a ação do bem, mas também sem castrar-lhe as manifestações do sentimento. Façamo-lo de forma edificante e, quando as circunstâncias nos permitirem, falemos que as Divinas Leis estabeleceram, nas duas polaridades — a masculina e a feminina — o equilíbrio para a perpetuação da espécie.

O sexo foi feito para a vida; não a vida para o sexo.

Daí, o indivíduo que sinta qualquer distúrbio na área do comportamento sexual considere que se encontra em um educandário da vida para corrigir desequilíbrios que devem ser conduzidos para as disciplinas de uma existência feliz, deixando que cada qual faça a sua opção, sem o puritanismo que tudo condena e sem o modernismo que tudo alberga, porque cada um vai responder pelo uso que faz da existência, conforme as suas resistências.

É muito fácil propor a alguém que suba a montanha, sem saber até onde vão as suas forças.

Em Doutrina Espírita ninguém vive as experiências alheias, como em nenhuma outra.

PERGUNTA: *Como o evangelizador pode contribuir para a evolução espiritual de uma criança excepcional?*

DIVALDO: Inicialmente, a criança excepcional não estará na classe das crianças normais, suponho. Porque não lhe será o lugar adequado, porque ela irá perturbar o trabalho junto às crianças consideradas normais.

Teremos que criar uma classe especial para ministrarmos, quanto possível ao grau de entendimento do excepcional, o conhecimento da realidade do Espírito.

Mas teremos em vista que a excepcionalidade não é do Espírito. São limites orgânicos impostos pelas próprias dívidas ao ser em evolução.

Toda instrução que lhe dermos será arquivada no perispírito e irá beneficiar o Espírito. Ainda que na terra, acalmando-se, a criança que estiver num quadro neuropatológico muito acentuado, tendo melhores momentos de lucidez, avançará mais na área da razão. E quando se libertar da injunção expiatória, recobrará o patrimônio recém-adquirido.

Essas patologias graves, que chegam a deformar, como o mongolismo e outras, defluentes de suicídios ou de crimes de largo porte que não foram alcançados pela justiça terrestre e a consciência culpada insculpiu no hoje organismo deficiente.

O nosso trabalho é de amor!

Quando encontro a mãe de um excepcional, sempre a parabenizo. Digo-lhe – porque ela priva muito mais com o filho limitado que o pai, que normalmente tem atividades externas e, nesse sentido, há pais, masculinos, que são de uma abnegação comovedora – que o suicídio cometido por esse Espírito é fruto de um relacionamento pais e filho no passado, que não deu certo. E acrescento que os pais de hoje, quiçá, hajam sido os autores intelectuais daquele gesto tresloucado. De acordo com o grau de limitação da excepcionalidade, faço o seguinte paralelo: Imaginem que vocês pertenceram a uma classe abastada socialmente, por genealogia ou clã, e seu filho ou sua filha se apaixonou por alguém de uma classe denominada inferior; ou tomou determinada atitude que vocês enfrentaram com rebeldia, levando o ser, por capricho de vocês, a uma atitude de fuga. Adveio o suicídio. O desesperado foi a mão que a intolerância da família armou.

Então é natural que ele, tendo sido vítima das circunstâncias, renasça nos braços daqueles que o levaram ao ato desesperador, para que o amor a todos santifique, diminuindo os efeitos, e as bases afetivas se refaçam nesse inter-relacionamento evolutivo.

Assim, eu parabenizo e acrescento: Não posso avaliar o que é ter um filho com problemas nervosos. Uma criança que bate no rosto da mãe toda hora, que morde, que escouceia, que grita toda a noite e que cala todo o dia. Ser pai e mãe de um filho assim credencia-os a parabéns, porque é um resgate que os liberará de dores muito mais terríveis no além da morte.

Daí, a criança excepcional deve receber um tratamento evangélico-espírita em caráter de excepcionalidade, com muito amor, com muita ternura e, sobretudo, com a terapia psíquica da boa palavra, estimulando-a a liberar-se do cárcere para que guarde as informações e seja feliz além da vida.

PERGUNTA: *Qual o papel dos treinamentos em meditação para o aperfeiçoamento da criança e do jovem?*

DIVALDO: Preponderante. Se não ensinarmos a meditar, a reflexionar, a concentrar, teremos uma idade adulta doidivanas, porque o tempo nos é tomado depois, sem espaços para esse nobre fim. É necessário criarmos o hábito da meditação. Todos temos, aliás, o hábito da meditação e da concentração nas coisas erradas, negativas. Se alguém nos diz um desaforo, temos dificuldade de o tirar da cabeça. Ficamos dias e dias atormentados, fixando-o.

Quando se trata de coisas positivas, tem-se dificuldade de reter, reflexionar, porque não se tem espaço mental, já que todo ele está reservado para as coisas irrelevantes. Concentrar é fixar a mente em algo. Para conseguir-se, basta o exercício e treinamento.

Somos, às vezes, infelizes, porque cultivamos as horas negativas. As boas não, esquecemo-las. Se temos um momento feliz, participamos daquela hora e ficamos indiferentes ou pensamos que nos irá acontecer alguma coisa negativa, com certeza, porque todo bem que nos vem, logo ocorre alguma coisa para nos desagradar. Não é uma atitude correta. Devemos cultivar os momentos bons, felizes.

Quando alguém nos ofende, queixamo-nos a muitos, falamos sobre o assunto. No momento feliz somos egoístas, nada falamos. O que se dá? Fixamos o momento mau e não retemos o momento bom. É uma questão de memória. Dilatemos o momento feliz e o fruamos. Meditemos diariamente num texto evangélico, em uma ação que iremos desenvolver com otimismo. Digamos – Que maravilhoso dia de sol! Isso vai dar certo! Maravilhoso é olhar as coisas com otimismo. E a meditação nos prepara para uma vida saudável e otimista.

PERGUNTA: *Por que tantas crises nos lares? Por que tanto desamor?*

DIVALDO: O homem está doente e, como efeito, neste período de transição, ele exterioriza os estados de desequilíbrio. A ciência e a tecnologia, que tanto contribuíram para o progresso intelectual e para as conquistas pessoais do homem e da sociedade, não equacionaram o problema da consciência, o problema do ser.

Depois de mais de seis mil anos de pesquisas na área da ciência logramos atingir o ápice. Mas ainda não tivemos a coragem de atingir o Eu, de criar uma transformação real, profunda. Porque o progresso ético-moral é vertical, exige muito, enquanto que o progresso intelectual é horizontal, poderemos realizá-lo através da absorção de experiências e conhecimentos pela repetição, pelo exercício; mas o progresso moral através da reencarnação, em que corrigimos uma aresta, adquirimos uma experiência para corrigir uma outra faceta em um outro detalhe, caindo e levantando. Daí a grande crise que em nós registramos e na sociedade: é a crise do homem perante si mesmo.

A Doutrina Espírita faz uma proposta: você é um ser imortal, despido da transitoriedade carnal. Considere a vida física, a existência corporal uma experiência breve como um bloco de neve que a luz do dia vai derreter. Observe que a sua vida não encontra causalidade real no berço, nem terminará na injunção cadavérica. É nesse contexto que você está, no meio de duas experiências: a do passado e a do presente, vivendo hoje o que fez de si ontem, trabalhe agora porque você pretende ser alguém. Atenda esse real interesse pela transformação legítima de seus objetivos, pensando diariamente em si, amando-se. Porque se criou um conceito falso de amar ao próximo esquecido do como a si próprio se deve amar, de perdoar aos outros como a si próprio se deve perdoar.

    O indivíduo castrado por religiões do passado, bate à porta da Doutrina Espírita, com inúmeros conflitos de comportamento e de consciência, ele não se perdoa ser gente, ser humano, falhar. Ele não se perdoa porque se equivocou ou bloqueia a consciência para não pensar nisso e aliena-se ou faz uma consciência de culpa, marchando para os estados paroxísticos da depressão ou da exaltação, tombando em estados ainda alienantes. Ou então ele adquire uma postura de cinismo, até o momento em que a consciência rompe as barreiras do bloqueio e ele se descobre frustrado, marchando para o suicídio indireto, quando não diretamente. O Espiritismo, atualizando o pensamento de Jesus, diz que temos o direito de errar. O erro é uma experiência que não deu certo e nos ensina que não devemos mais tentar aquela experiência daquela forma. Afirmava Confúcio: "Com os bons aprendemos virtudes, com os maus aprendemos a não fazer as atitudes negativas que eles mantêm". Logo, nós temos o dever de nos amarmos, porque, quando apenas amamos aos outros, projetamos a sombra, a imagem. Estamos fugindo de nós e não estamos a amar, mas sim, transferindo biótipos, modelos, e exigindo que os outros sejam aquilo que nós somos.

    Então o Espiritismo diz: ame-se a si mesmo, dê-se oportunidade de ser feliz. Torne-se feliz, viva hoje, aqui e agora. Aproveite cada instante de sua vida, lembrando-se que o ponteiro do relógio volta ao primeiro lugar nunca mais na mesma circunstância. Cada momento tem a sua significação. O ser é o objetivo essencial. E então o homem moderno apresenta-se aturdido por conflitos que a Psicologia corrige muito bem, indo às causas que os desencadeiam, mas que na visão espírita reduzem-se ao desamor por si mesmo.

Deveremos amar. E se alguém disser que é necessário desprezar o corpo, desprezar a vida, não se vestir, não se calçar, não tomar banho, isso é estado paranoico. Temos que viver consoante os modismos, usar o que a sociedade coloca em nossas mãos para formar o progresso, mas considerar que nós usamos, mas não somos isso. Como muito bem disse um amigo um dia em que lhe perguntei: Olá, Dr., como está? – Estou Dr., logo mais, quando eu desencarnar, eu não serei mais nada. Portanto, nós não somos isso, estamos trabalhando para ser a realidade do Espírito que navega em águas de possibilidades para o futuro.

ÍNDICE REMISSIVO

ASSUNTO – FONTE DE CONSULTA

* Laços de família – *O Livro dos Espíritos*, questões 774 e 775; Allan Kardec – FEB;
* Família – *Estudos espíritas* – J. A.(*) – FEB;
* Vida em família – *Otimismo* – J. A. – LEAL;
* Casamento e família – *Antologia espiritual* – Benedita Fernandes – LEAL;
* Responsabilidade no matrimônio – *Sol de esperança* – J. A.– LEAL;
* Problemas no matrimônio – *Celeiro de bênçãos* – J. A. – LEAL;
* Divórcio – *Após a tempestade* – J. A. – LEAL;
* Anticonceptivos e planejamento familiar – *Após a tempestade* – J. A. – LEAL;
* Tarefas – *Messe de amor* – J. A. – LEAL;
* Dentro do lar – *Dimensões da verdade* – J. A.– LEAL;
* Espiritismo no lar – *Espírito e vida* – J. A. – LEAL;
* Cristo em casa – *Florações evangélicas* – J. A. – LEAL;
* Jesus contigo – *Messe de amor* – J. A. – LEAL;
* Estudo evangélico no lar – *Celeiro de bênçãos* – J. A. – LEAL;
* Deveres dos pais – *Leis morais da vida* – J. A. – LEAL;
* Educação – *Estudos espíritas* – J. A. – LEAL;
* Laços eternos – *Luz viva* – J. A. – LEAL;
* Perante a prole – *Lampadário espírita* – J. A. – FEB;
* Limitação de filhos – *Leis morais da vida* – J. A. – LEAL;

(*) J. A. = Joanna de Ângelis (nota da Editora).

❖ Personalidades parasitas – *Antologia espiritual* – M. Ph. M.(**) – LEAL;

❖ Alienação infantojuvenil e educação – *Antologia espiritual* – Benedita Fernandes – LEAL;

❖ Campanhas – *Dimensões da verdade* – J. A. – LEAL;

❖ Necessidade de evolução – *No limiar do infinito* – J. A. – LEAL;

❖ Deveres dos filhos – *Leis morais da vida* – J. A. – LEAL;

❖ Filho Deficiente – *Leis morais da vida* – J. A. – LEAL;

❖ Filhos ingratos – *Após a tempestade* – J. A. – LEAL;

❖ Mãe adotiva – *Antologia espiritual* – A. R.(***) – LEAL;

❖ Filhos alheios – *Otimismo* – J. A. – LEAL;

❖ Filho adotivo – *Antologia espiritual* – A. R. – LEAL;

❖ Frutos da delinquência – *Luz viva* – J. A. – LEAL;

❖ Delinquência, perversidade e violência – *Após a tempestade* – J. A. – LEAL;

❖ Alucinógenos, toxicomania e loucura – *Após a tempestade* – J. A. – LEAL;

❖ Viciação alcoólica – *Após a tempestade* – J. A. – LEAL;

❖ Entrevistas – *Palavras de luz* – Divaldo Franco – FEEB;

❖ Entrevistas – *Elucidações espíritas* – Divaldo Franco – SEJA.

(**) M. Ph. M. = Manoel Philomeno de Miranda.
(***) A. R. = Amélia Rodrigues (notas da Editora).